MOM

WOW

活出精彩

Wonderful Life

## 妈妈的职业规划 应该这样做

白小白 著

人民邮电出版社

北京

**图书在版编目（CIP）数据**

活出精彩：妈妈的职业规划应该这样做 / 白小白著
. — 北京：人民邮电出版社，2018.11
ISBN 978-7-115-49478-8

Ⅰ. ①活… Ⅱ. ①白… Ⅲ. ①女性－职业选择 Ⅳ.
①C913.2

中国版本图书馆CIP数据核字(2018)第224091号

## 内 容 提 要

在职场中打拼的你，如果意外怀孕，会怎么选择？

是生娃还是升职？还是两个都想要？

越来越多的现代女性在努力寻求着事业和家庭的平衡点，80后、90后的妈妈们，大多都和我一样，不甘于做一个平凡的妈妈，想成为让孩子骄傲的榜样，要拥有更丰盛而美好的人生。

作为一名专业的女性职业规划师，我在本书中融合了三十多位不同妈妈的真实案例，用3篇共计9章的内容分别讲述了如何实现职业理想、演好多个角色以及构建幸福生活，书中不仅有个人职业规划和职场沟通的方法，也有家庭管理方法、亲人之间的交流方法，同时还包含时间管理和统筹安排等内容。

本书是一本实用的女性职业规划指导手册，无论是做了妈妈或者未来将要做妈妈的女性，都能在阅读本书的过程中产生共鸣，并进一步提升对妈妈这个角色、对职业规划的认知，并找到切实可行的行为依据，以及完美解决各种矛盾的方法。

◆ 著　　　　白小白
　　责任编辑　马雪伶
　　责任印制　马振武

◆ 人民邮电出版社出版发行　北京市丰台区成寿寺路 11 号
　邮编　100164　电子邮件　315@ptpress.com.cn
　网址　http://www.ptpress.com.cn
　北京缤索印刷有限公司印刷

◆ 开本：880×1230　1/32
　印张：10
　字数：188 千字　　　　　　　2018 年 11 月第 1 版
　印数：1 – 10 000 册　　　　　2018 年 11 月北京第 1 次印刷

定价：49.00 元

读者服务热线：**(010)81055410**　印装质量热线：**(010)81055316**
反盗版热线：**(010)81055315**
广告经营许可证：京东工商广登字 20170147 号

# 序
## preface

上帝赋予了我们女人做母亲的权利义务，
社会又赋予了我们做"白骨精"的责任压力。
在职场中打拼的你，如果意外怀孕，会怎么选择？
生娃还是升职？还是两个都想要？

## 从公司高管到自己创业，再到成为职业规划师

12年前的冬天，北方已经开始供暖。

在北京CBD一栋大楼的会议室里，我正在和客户洽谈一项预计收入达千万元的项目。

一向鸡血满满的我却突然感受到了扑面而来的困意，在暖气十足的房间里面手脚冰凉、四肢无力。

"我好像感冒了……"我对总监说。

总监关心地说："最近你太辛苦了，明天去医院看看吧。"

第二天，我到医院检查，结果不是感冒，而是怀孕了……

新婚不久，升任S公司最年轻的部门经理刚刚半年，手里有十余个百万元以上收入的项目，刚刚获得业务贡献一等奖，怎么在这个节骨眼上意外怀孕了呢？

我的第一反应是惶恐：

我不想二十出头就每天围着锅台厨房、尿布奶粉；

我还有远大的理想，现在的工作只是一个开端。

我把自己关在房间里面一整天，思考权衡孩子的去留。看到B超影像里小小的胚芽，已经有了胎心，我舍不得了。

思考了两天后我决定把孩子生下来，工作能扛多久扛多久。

我把这个消息告诉了我的老板，他衷心地祝福了我，然后说我手里的项目很重要，希望我能够尽力坚持。

可是偏偏事与愿违，怀孕两个多月以后，可怕的妊娠反应来了：闻到咖啡味儿吐，闻到烟味儿也吐，中午出去吃个饭，闻到汽车尾气，扶着电线杆就开始吐；吃油腻的食物吐，吃有味精的饭菜

也吐……

白天扛着继续工作，晚上睡前必须吐到腹中空空才能入睡……

怀孕四个多月时，我的体重比怀孕前还轻了两斤，脸整整瘦了两圈。

妈妈在电话里心疼地说："北京的饭菜没有老家的吃着顺嘴，你不行就请假回来休息吧！"

我心有不甘，但是又不希望因为自己身体不好而影响孩子。坚持到新项目合同签完后，我向公司请了假，这一请假，竟然就再也没有回去。

回到老家，蓝天白云阳光明媚，每天吃着妈妈做的绿色食品，妊娠反应竟然消失了，一个月的时间我就爆长了8斤，医生说，胎儿长得很好。

女儿顺利出生了，很健康，很漂亮。

为了能够继续母乳喂养，我待在老家带孩子。

假期结束，我无奈地向S公司提出了辞职，感谢老板对我的特别关照，延长了我的休假时间，这令我至今心怀感激。

女儿学会走路后，我的心开始躁动了：**我真的要成为一名家庭妇女吗？我想念那些在职场打拼的日子。**

和家人商量后，得到了他们的支持，我开始整理简历，准备杀回职场。

所幸虽然之前工作时间不长，但做的全都是大项目，也一直带团队，我很快便找到了一份不错的工作，负责整个区域的市场运营。

可是这份工作需要经常出差，每个月有一半的时间在天上飞。

一次深夜出差回家后，睡在女儿身边，女儿紧紧搂着我的脖子不舍得松开，她说着："妈妈，好多天没见，好想你啊！"

我偷偷地流下了眼泪。

某一天，我看到一家世界排名20强的国企Y公司的招聘启事，这是这家公司3年以来第一次面向社会招纳人才。

招聘本地管理人员，不需要出差！

我马上投了简历，在录取率只有1%的情况下，我成功了，成为了第一批后备干部。

我在Y公司顺利做到了管理层，要想再往上走，必须要下基层锻炼1～2年，这意味着我要去远郊，只有周末才能回家陪孩子。

这个时候，一家拟上市的金融资讯公司抛出了橄榄枝，希望我加入高管团队一起筹备新业务子公司。

为了孩子，也为了自己将来的发展空间，我接受了他们的邀请，并在一年后成为了公司副总。

后来，老公独立创业，初期只有三个人，既要组建团队又要打拼市场，忙到睡觉都在办公室打地铺，压力很大，每天晚上老公都背疼。

我很心疼，我对他说："我出来帮你吧，我们一起把公司做大。"

就这样，我辞职和老公一起创业，接下了公司行政、人力、财务、IT、客户关系的工作，让老公安心拓展市场。

我们一起把公司做出了规模，在全国开了八家分公司。

公司融资扩股后，我对老公说："公司现在规范化了，需要更多的职业经理人，我可以离开了，做一点儿自己喜欢的事情，顺便照顾家里。"

我学习职业规划知识，通过培训考核，给学员授课，为职场女性做咨询，结合十几年的职场经验，我最终成为了一名高级职业规划师，为数百位来询者解决了工作和生活中的困惑。

**工作16年，女儿12岁，我一路拼搏到今天，从做高管到创业，到成为专注女性生涯幸福的规划师。**

我的职业之路起伏跌宕，母亲的角色和职场女性的角色一直交织在一起。

## 自由地选择，实现自己的职业梦想

**80后、90后成为母亲后，大多数人都跟我一样——母亲和工作者的角色互相交叉。我们不甘于做一个平凡的妈妈，我把我的事业和我的生活视为一体，期待着更多的角色圆满和自我价值的实现。**

职业女性的幸福需求被关注，被解决，不仅影响着我们本人、我们的亲密关系，还有我们的下一代。

小敏，27岁，跟着创业的老公搬迁到新的城市，准备明年生孩子。小敏下决心要用3年的时间成为一名自由职业者，用更多的时间陪伴家人和孩子。她找到我咨询后更明确了自己的方向——成为一名儿童心理教育工作者。

Nina，曾经是一名优秀的空姐，8年前全家移民国外，自己也做了8年全职太太，对红酒颇有研究。但是多年国外全职太太的生活让她觉得孤单和乏味，她想延续自己年轻时候的空姐工作，向我咨询沟通后，她权衡了家庭和年龄因素，决定放弃当空姐，做一名高级品酒师。

小雨，两年前遭遇婚变，一个人带着孩子，艰难辗转换了三份工作，从房产中介到婚庆策划。她忘了自己曾经是一名优秀的钢琴老师，她对我说："这两年只想赚钱，没有心思去弹琴。做钢琴家教，其实真的很好，遇到您之后，我才知道单亲妈妈也可以不用那么辛苦……"

这本书由三十多位妈妈的职业经历和人生故事组成，从她们的身上，你也许能够看到自己的影子。

对做了妈妈或者未来将做妈妈的女人们来说，这是一本实用的职业规划指导手册，我希望能够帮助更多的女性拥有更自由的选择权。

把那些曾经束缚我们的世俗观念、内心惶恐、他人质疑，统统抛掉。

让我们为自己制订游戏规则，无论单身、结婚、生子、工作……选择权都是掌握在我们自己手里的，而不是掌握在鸡汤文、七大姑八大姨嘴里或者其他人的手里。

而你只需要做好准备，抓住你的现在和未来。

自由地选择，实现自己的职业梦想；

自由地切换，演好人生的多重角色；

自由地整合，享受360°圆融人生。

目录
contents

第一篇
# 自由地选择：实现职业理想

## 第一章　原来妈妈也需要职业规划

## 第二章　实现妈妈们的职业梦想

# 第三章 自由职业：妈妈的新选择

第二篇

# 自由地切换：演好多个角色

## 第四章 职场妈妈的人生角色

# 第五章　做妈妈：把"妈妈"当成一份好职业

# 第六章　做妻子：我们需要一位长期盟友

第三篇

# 自由地整合： 构建幸福生活

## 第七章 幸福是一种可以习得的能力

# 第八章 真正的勇士，不孤军奋战

# 第九章 幸福的生活，开花结果

第一篇·

自由地选择…

实现职业理想

# 原来妈妈
## 也需要职业规划

世界上的一切光荣和骄傲，都来自母亲。

——高尔基

# 妈妈比普通人更需要职业规划

## 妈妈这个角色，面临比男性更复杂的职业选择

"职业规划到底是什么？和心理咨询有什么不同？我很好奇。"

在一家小清新的咖啡厅里，蔷薇端坐在我面前，虽然，但她依然苗条，杏色针织衫衬托着她白皙的皮肤。

蔷薇往手中的咖啡杯里放入半颗方糖，一边轻轻搅拌一边歪着头问我。

吧台里的服务生正在用干净的白布轻轻擦拭着玻璃杯，《Buckskin Stallion Blues》的歌曲飘在空气里，蓝调布鲁斯的女声浅唱低吟。

"你看现在这里的环境让人觉得舒服吗？"

"嗯，确实很舒服，心里也很平静。"蔷薇抿了一口咖啡，笑了。

"专业的职业规划，就像现在这样，帮你找到工作和生活最

舒服的状态。

"是在充分了解你未来愿景、当下困惑、个人能力、资源的基础上，顺应社会发展，**选择你最热爱、最可能取得成功的职业，同时提供可行、清晰的解决方案。**

"当然，我会将心理咨询和职业发展结合起来，分析也是多维度的，是为了帮助你突破自我，看到更多可能性，更坚定，不再纠结和迷茫。"

蔷薇轻轻皱眉说："我现在就是感觉迷茫，我大学学的是服装设计专业，但是毕业后进了母婴用品公司做市场拓展，工作不到3年我就成为了部门经理，还攒了几十万元。

"可是这两年结婚生宝宝后，节奏有点被打乱了，一边想继续做女强人，一边又想天天陪着孩子；

"还考虑过一两年自己出来创业开工作室。有时候觉得自己想要的太多，挺累的……"

我对蔷薇点头："你生孩子之前的阶段把握得不错，做得很有成就感，不过做了妈妈之后，琐事变多，生活节奏上有点失控了，对吧？

"新妈妈们都会经历这个适应过程，这叫作——生涯发展阶段里的角色转换期。"

蔷薇双手捧着脸，望着我说："白老师快帮我分析一下，我现在处于哪个阶段？"

我笑道："先别急，我从整体生涯发展角度帮你来做分析，让你看得更清晰一些。"

下面介绍职业女性的不同生涯发展阶段。

一位职业女性，从20多岁就业到65岁退休，大概有40多年的时间，从这么长时间的角度来看，整个人的职业发展是怎么一回事呢？

**职业生涯划分为4个阶段：生存期、发展期、平衡期、实现期。**

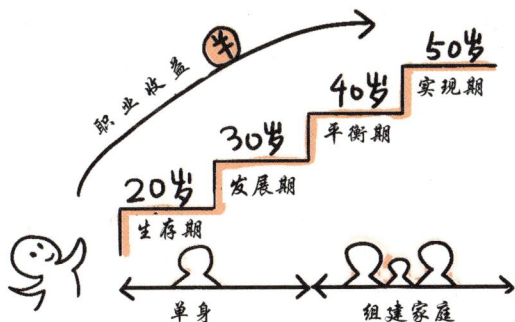

职业发展的4个阶段

## 什么是职业生存期

身边有这样的年轻朋友，开口闭口就是，这个工作薪水多少？做这件事能不能赚到钱？

如果你也问了同样的问题，那你就是在职业生存期，对于职业的需求主要是生存，目标就是尽快实现经济独立。

大部分人的生存期在大学毕业后1～3年，主要完成职场能力的积累和个人经济的独立。

适应快的人，生存期会比较短，适应慢的人，生存期会比较长。

蔷薇大学的时候就和同学一起开淘宝店，小有积蓄，更重要的是积累了商业经验。毕业以后她很快找到了喜欢的工作，家里条件也不错，生存不是什么问题，所以在开始工作后很快爬坡起步，进入了发展期。

## 什么是职业发展期

在这个阶段，很多人会关注，公司未来几年准备做什么？对我这个职位的要求是什么？我有机会学到……吗？

这个时候你就处于发展期了。

这个阶段收入只是现金流问题，更重要的其实是职业资产在增值。

我继续对蔷薇说："就像你，三年内做到了公司的部门经理，收入、能力、人脉都获得了快速的增长，这也是你成就感最强的阶段，对吧？"

蔷薇鸡啄米似的点头："对对对，那时候我把一个城市的门店数量拓展了10家。市场调查、招代理、谈合作方式、签合同，公司因为这个事情还专门奖励了我，年底颁发了业务贡献特别奖给我呢!

"可是生了孩子之后，情况就不同了，因为哺乳，不得不放弃出差；因为孩子生病，不得不开会请假……"

"对的，你已经进入了下一个阶段。"我告诉蔷薇。

## 进入职业平衡期

当职业能力和对行业的把握已经到了一定的程度，我们可能也到了成家的年龄。

对职业的要求除了考虑行业、能力因素，还会拓展到其他维度：家庭成员是否可以照顾，身体状况是否需要考虑，生活情趣是否可以满足，等等。

"是啊，要保证业绩，要管理团队，白天要开会见客户，晚上还要照顾孩子，我恨不得把一天掰成两天过！"

"所以我们更需要权衡，分清重点，学会抓大放小，不然确实会很辛苦，等到孩子大一些，你的精力腾出来，就可以继续做更多自己想做的事情了。"

"我以后不想再打工，想出来自己做。"

## 什么是职业实现期

"如果想清楚自己想做什么事情了，就应该到你的自我实现期了。

"走到了所在职业的边界，外在成就感再也驱动不了你，手里也有了足够多的资源，你开始想做点有意思的事，比如你想去创业。

"实现期最大的特征是：**我们的事业变成自我实现的一种方式。**

"不过现在，你还有孩子需要照顾，还有工作需要完成，已经很忙碌，如果再考虑创业的问题，你觉得精力顾得过来吗？"

"现在都觉得很忙了，再加上考虑创业的事情，心里更累……"

所以，妈妈们更需要职业规划。

职业规划的最大意义在于，通过规划和准备，即使处在不同的职业发展阶段，也能**兼顾和平衡自己的各项需求，获得更自由的选择权**。

我对蔷薇说："分析完你的阶段和问题，我们可以量身打造接下来的职业规划啦。"

## 第二节
# 为妈妈们量身定制的职业规划

"蔷薇，我们可以选择一条更幸福的路，不急不躁地往前走。"

就像开车去旅游，你应该会先选好目的地，然后再做一个路线规划和攻略，最后再看需要带什么东西上路。

人生也分为很多段旅途，我们可以将旅途攻略划分为**目标——方案——自己三个部分。**

## 先确定你要去的地方（目标）

我接着问蔷薇："你五年左右和一年左右的职业目标是什么？"

蔷薇想了想："五年内，我想有自己的母婴服装品牌。我从小就看着爸妈做衣服，如果自己的孩子能穿上自家品牌的衣服，好开心。

"一年内嘛，能做上区域总监就好了，我就能赢得更多的客户资源。"

"如果要实现这样的目标，家庭生活现在和工作有什么冲突吗？"我继续问。

"确实有一点，要当上总监，我就要保证我们部门的业绩，要保证业绩，我就需要投入更多的精力在工作中，但是孩子还小，需要人照顾。"

## 选择你要走的路（方案）

"嗯，要实现你的目标，工作方向上清晰吗？"

蔷薇说："一年的目标是很清晰的，也是可以达成的，不过创业的目标心里还有些没底，我得先做市场调研。"

"所以，这一年也是在给未来创业做准备，是吗？"

"是的，这也是我有时候觉得无力的原因，我现在哪儿有时间去调研市场啊！"

## 开什么车（我们自己）

我安慰蔷薇："因为你还是一位妈妈，顾虑的事情自然就会更多。假如把我们自己比作一辆车，要去实现你的目标，又要兼顾家庭，我们先来检查一下这辆车的配置够不够。"

先看自己。

| "车" | 描述情况 | 评估(1~10分) |
|---|---|---|
| 马力、底盘 | 能力、资源、机会 | 8 |
| 司机精力（目前） | 时间、健康、个人精力 | 5 |
| 内心动力 | 做事情的动力如何 | 8 |
| 哪里需要升级 | 市场调研、策划 | 6 |

再看乘客。

| "乘客" | 描述情况 | 支持力度评估(1~10分) |
|---|---|---|
| 家人 | 照顾孩子 | 6 |
| 同事 | 达成业绩、顺利升职 | 7 |
| 合作伙伴 | 暂时没有明确合作伙伴 | 2 |

评估了蔷薇目前的情况。

有利的资源：个人能力、做事业的驱动力

需要提升的资源：个人的精力、照顾孩子的助手、市场调研

暂缺的资源：合适的合作伙伴

## 四步循环规划妈妈职业生涯

综合个人需求和实际情况，妈妈的职业规划可以用4个循环的步骤。

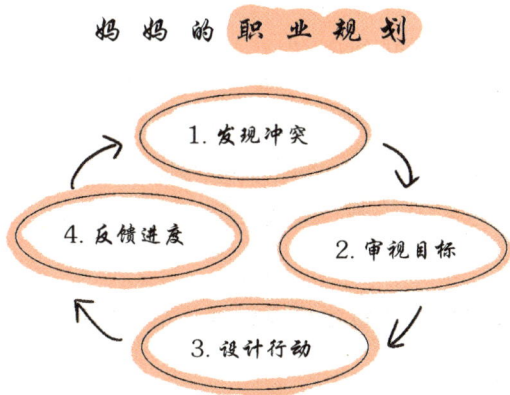

妈妈的 职业规划

1.发现冲突
4.反馈进度
2.审视目标
3.设计行动

## Step 1

了解自己最大的困惑与冲突，解决当下影响个人发展的最大问题。

你现在感觉快乐吗？辛苦吗？目前的生活是你想要的吗？

蔷薇最大的困惑：想要兼顾家庭，又想要发展事业，无奈于自己的精力有限。

## step 2

厘清自己的职业梦想和目标，分析自己的现实状况，分阶段进行。

蔷薇憧憬道："我就是想要做一个儿童服装品牌，以后想让我的宝宝做代言人。"

我继续对蔷薇说："这个理想很好，不过这是我们的5年计划，我们可以分阶段来进行。"

| 第一阶段（1年以内） | 照顾孩子，做上总监职位 |
| --- | --- |
| 第二阶段（1~2年） | 同步调研儿童服装市场，积攒合作人脉 |
| 第三阶段（3~5年） | 根据调研/合作情况确定如何创业 |

**现阶段分清自己的角色重要程度，给它们排序，在不同的阶段把握重要的角色。**

| 第一阶段（1年以内） | 妈妈＞管理者 |
| --- | --- |
| 第二阶段（1~3年） | 管理者＞妈妈＞创业者 |
| 第三阶段（3~5年） | 创业者＞妈妈 |

蔷薇和我一起理出来了现阶段的重要角色：先做个好妈妈，坚持哺乳到孩子一岁，工作上做个好部门经理，发挥自己的管理能力，带动下属一起达成业绩目标，而不是自己一个人冲在前

面，既辛苦又不讨好。

**梳理自己的能力优势，找到自己的事业甜蜜区。**

我鼓励蔷薇："你清楚自己的优势在哪里吧？做自己喜欢，又擅长，并且有价值的事情。"

蔷薇很有信心地说："这一点我还是比较自信的，拓展市场、拓展新业务一直都是我的强项，现在是母婴用品，以后是儿童服装，都是类似市场嘛。"

## step3

分析所处的职业发展阶段和外部环境关系，为自己设计一套最佳的规划方案。

我对她比了一个赞："知道自己的优势和擅长，并且有动力做，光这一点，你就比很多人都要棒呢。根据刚才分析的角色排序和发展阶段，第一步，先给自己做一个一年期的计划吧。

"这个规划包括成长、财务、职业、实现、人际、家庭、休闲、健康，八个维度，每一个维度可以有不同的占比，但是都要兼顾。"

计 划 规 划 方 案

在规划中，构建自己的幸福支持系统，获得内部外部更多的资源支持。

"做计划和实施的时候，别忘了获取更多人的支持，不要总想着一个人辛苦。比如说，带宝宝的问题……"我特别提醒蔷薇。

蔷薇沉思了一下："这之前确实没想过，之前是爸妈白天帮忙带孩子，晚上我带孩子，老公只负责打杂，以后我要让老公跟我一起晚上带孩子，我忙的时候，晚上就把孩子交给他带。"

"对啊，爸爸一起带孩子很合情合理，你白天忙，晚上不能一直熬夜，也要注意健康的。"我笑了。

"就是就是，今晚回去就这么办。"

## Step **4**
### 实施计划、评估与反馈。

"俗话说，计划赶不上变化。尤其在现代职业领域，只有变化是永恒的主题。影响职业生涯设计的因素诸多，有的变化因素是可以预测的，而有些则难以预料。

"蔷薇你要记得，如果出现了新的问题请回到第1点，先解决当下困惑，及时调整自己。"

成功的职业生涯设计需要时时审视内外环境的变化，不断对自己的设计进行评估和修订，并调整自己的前进步伐。

蔷薇随后制订了详细的个人年度计划。

实施了半年后，蔷薇对我说："白老师，我们部门的业绩目标超额完成，年后我有机会竞聘区域负责人啦！"

"蔷薇，祝贺！你离你的理想目标又近了一步。"

第三节

# 生二胎也可以被规划

距离蔷薇第一次找我咨询，过去了1年。

这天她又找到了我："白老师，我又遇到新的困惑了！"

事情是这样的。女儿2岁了，蔷薇本来觉得可以轻松一点儿，按照之前做的规划，可以多投入精力在工作上了。

结果家里父母一直催着他们夫妻俩赶紧生二胎，"现在有这个政策多好啊，多生一个，以后孩子长大了也有伴儿，你们老了也有依靠。"

蔷薇问我："我到底应不应该生二胎？老人都说如果要生就要赶紧生，再过几年就是高龄产妇，就不太好了。但是我现在正在争取升职总监，进入公司的管理层，为创业打基础，以后路也会宽很多，生二胎我担心精力顾不过来……"

我问她："这个问题是不是非常困扰你？"

蔷薇说："是啊，觉得家里人说的有道理，公司同事说的也有道理，我就很纠结。"

## 生娃还是升职

我对蔷薇说："很多人都有跟你一样的困惑，这叫作'**生娃or升职选择困难症**'，生二胎更是需要深思熟虑，我们要具体情况具体分析。

"有的家庭有老人帮忙带孩子，储备资金也充足，可以请保姆、月嫂，早点生了二胎，女人确实身体恢复得更快；

"有的家庭没有老人帮忙带，储备资金也不多，只能爸爸妈妈自己带，一下子要管两个孩子，又不想耽误事业，的确是会比较辛苦，何况你还想着创业。"

蔷薇眨眨眼睛，若有所思。

"蔷薇，我们一起来填一个表格，帮助你做决定，如何？"

蔷薇连连点头："好，我现在就是需要做一个让自己不后悔的理智决定，天天被不同人的说法影响，我自己已经找不着北了。"

这时，我打开电脑新建了一个Excel文件，画出了下面这个表格。

**用权重因素计分表帮你做决策。**

**权重因素计分表是一种帮助自己摆脱情绪干扰，**按自己的实际情况进行客观评价的方法，可以用在很多决策领域。

在做决策时，我们可以把需要考虑的问题简化，分为自我选择和他人对我的影响两类。

| 考虑项目 | 自我选择<br>（重点考虑） | 他人对我的影响<br>（只考虑重要他人） |
|---|---|---|
| 细类 | • 当前内心意愿<br>• 个人健康/年龄<br>• 符合家庭经济状况<br>• 符合职业发展阶段<br>• 符合自己理想的生活<br>• 适合个人目前处境 | • 另一半给予的支撑<br>• 家人给予的支撑<br>• 其他人可给予的支撑<br>• 家人的期待 |

对考虑的因素重要性进行判断，比如可以先对各项因素设定 1～5的重要度系数，重要程度自己内心做判断就好，然后对你要考虑的因素以10分制进行打分，把系数乘以分数，就可以算出总分。

当然，考虑的问题还可以根据实际情况增加，考虑得越全面，评估的结果就会越客观。

重点是，**不急不躁，根据实际情况理性地分析打分**。

回到蔷薇，我对她说："这个时候你放轻松一点，平静地考虑一下，自我选择和他人对我的影响里面，这些考虑的问题对你的重要程度。很重要的就打5分，一般重要就打3分，不重要的可以打1～2分。"

蔷薇说："生二胎这件事，最终还是应该我自己做决定，之前是一团乱麻，现在问题确实要分个轻重缓急，排个序。"

十分钟后，蔷薇重点考虑的问题系数打分出来了。

非常重要的问题：内心意愿、另一半给予的支撑。

不太重要的问题：符合理想的生活、周围其他人的支持。

"如果说要符合我内心的意愿，生二胎真的不是那么着急，最多打5分吧；两年内专注工作，升职总监，我打8分。"蔷薇笃定地在表格里面填上了分数。

我点头说："嗯，接下来是关于个人健康/年龄需要考虑的问题，不管是生孩子还是专注于工作，年龄和健康因素都是影响很大的因素，这个需要综合考虑。"

蔷薇笑了："呵呵，家里人一直都说早点生二胎对孩子和自己都好，这个我也清楚，那在健康方面，就把生二胎这一项的分数打高一点吧。"

"嗯，很客观的分析，很好，我们继续，看家庭经济情况。"我鼓励蔷薇。

"我现在只是经理，月薪到手1万多元，老公月薪也不到2万元，现在我们每个月还房贷5000元，女儿明年要上幼儿园，双语幼儿园预估要3万元左右。

"现在养孩子压力真的很大，所以我希望我们多努力两年，等经济条件再好一些再考虑二胎……"

房贷、生活费、女儿的学费……对于积蓄不多的蔷薇夫妇来说，现在生二胎真的需要很大的勇气。

而且在这个阶段，升职总监，拓展自己以后的资源，确实很有必要。

即使父母可以帮忙带老二，但是还需要有人接送大女儿。

请靠谱的保姆就是必须的，这又是一笔不菲的开支。

一项一项地分析打分后，得出的结果是这样的。

**暂时专注工作的选项高出接近26分，占据了一定的优势。**

我和蔷薇一起来看结果，我问她："和你内心想法的差距大不大？"

蔷薇说："嗯，确实就是这样的，虽然这两个选项并没有哪一个对我来说是有压倒性优势的。各有各的难处，各有各的好处，但是这个阶段，我的内心确实还是想先拼一拼工作，二胎不是一个轻松的决定……"

看来蔷薇的内心已经有了大致结论：在这个阶段，先升职，再生娃，理想和目标也不会放弃，但是可以一步一个脚印来。

## 提前规划，二胎不慌

"嗯，你只要内心坚定，做的决定就是理智的。不过我要提醒你，**这个计划是当下的，不是长期的，如果有重大的变数，就需要重新做评估。**"我再次提醒蔷薇。

对于生娃/二胎和升职的选择，不管你现在如何决定，如果以下几个重要因素有变化，你就需要重新评估。

（1）评估自己和另一半的职业发展现状，判断精力投入是否有余；

（2）自己内心对于二胎的期待打几分（满分10分）；

（3）和另一半、家人及时沟通自己的决定，达成一致，获得家人的理解和支持；

（4）确定夫妻双方已经做好了共同承担养育、教育多个孩子的心理准备；

（5）打好经济基础，计划理财，为迎接新的家庭成员做好充足的准备；

（6）做生育检查，如果有健康隐患需要提前治疗；

（7）家庭有大的变化。

如果你和蔷薇一样，能够提前为自己的人生做设计和准备，就会发现每个人都可以有更好的选择。

前几天听朋友说起另一个妈妈，已经做到副处级别，马上要被提拔为正处级，但是必须由她来组建新部门，这项工作需要投入大量精力。

就在任职公示时，这位妈妈发现自己意外怀上了二胎，她犹豫了很久，最后还是决定要了二胎，放弃了组建新部门的机会，也失去了被提拔的资格。

很多时候，有得必有失。

所以，妈妈们在面对二胎问题时，最好的办法是，**在你还可以选择的时候，提前做好规划，做一个有准备的妈妈。**

## 二胎政策背后，妈妈们无法逃避的这些难题

**困惑之一：生孩子与工作的冲突。**

生了娃后找工作，老板还问你要不要生二胎。如果有生二胎的打算，那么对不起，重要岗位基本上就没你什么事儿了。

**困惑之二：要不要为了孩子辞职或换份工作。**

如果生了二胎，老人也没精力带好两个孩子，很多妈妈就得考虑辞职自己带孩子。

**困惑之三：全职太久，如何重返职场。**

等到孩子们上学的上学，上幼儿园的上幼儿园，妈妈们的空余时间突然多了起来。

很多妈妈就开始萌发重新找工作的念头，但是如何再投入社会，如何重新定位，又成了摆在面前的新问题。

**困惑之四：事业和家庭平衡的冲突。**

想白天做好员工，晚上做贤妻良母，两头都需要兼顾，但是人的精力是有限的，时间管理和效率管理方法，是二胎职场妈妈们的必修课。

要兼顾家庭和事业真的很难很累。

就像蔷薇，经过几年的拼搏，小有成就，已经在企业里担当中高层的管理职位；但在初步取得成功之后，她面临着位子和孩子如何兼得的困惑。

虽然困惑很多，但是很少有80后、90后妈妈会主动完全放弃事业。

**家庭很重要，事业一样很重要。**

大家都觉得，现在女性追求独立越来越重要，哪怕只是做一份简单的工作，也是在自力更生。

越来越多的现代职业女性都在努力寻求着事业和家庭的平衡点，希望能够兼顾爱情、婚姻、家庭和事业。

我们都曾是普通的职场妈妈，都经历过迷茫和困惑，都渴望更多的自我实现和价值，你的痛苦我能懂。

我希望每一位妈妈都能够掌控自己的人生，在人生的关键时刻拥有更强的决策权。

**学会职业规划方法，妈妈们可以拿到更自由更主动的选择方法，让生活获得真正的动态平衡。**

第二章

# O₂

## 实现妈妈们
## 的职业梦想

我认为人的一生中总会有某个时刻，需要坚守自己的决定。一个说"这就是我，这就是我的选择"的时刻。

——石黑一雄《无可慰藉》

## 第一节
# 找准职业定位

### 我适合创业还是择业

田青青是一位朋友介绍的咨询者，最近面临着创业还是择业的选择。

青青已婚，设计专业，从上大学的时候就开始自己接设计项目。

大学毕业就很自然地创立了自己的设计工作室，只是工作室的规模一直不大。

后来和朋友在业余时间一起合作创业者社群，策划了许多创业论坛活动。

活动做得很不错，被一家公司看上，对方天使投资成立了文化传播公司，让田青青负责新业务孵化。

做新公司之后，田青青不再自己做设计工作，而是学习了很多管理、运营方面的知识。

田青青见我的时候一筹莫展："7月的时候公司出现了一系列的问题，合适的项目合伙人一直都不到位；投资方原本答应7月到的投资款杳无音信；项目推进出现大问题，项目合作方不想承担风险，之前答应帮助推进的商家活动被搁浅；准备了3个月的商户推广活动夭折。"

说到这些，青青长长地叹了一口气。

我安慰青青："听起来公司的确是遇到了一些问题，创业嘛，总会有波峰波谷的，目前公司具体情况如何？"

田青青沮丧得想哭："很挫败，我辛苦努力了两年就换来这样的结果，现在团队士气被打击，公司负债不少。为了止损，我已经把团队遣散，现在只留了一个人。"

我问田青青："如果现在把公司放弃了，以后还会有机会吗？"

田青青说："我想了很久，现在的这块政府合作业务我真的是不擅长，我把自己以前设计的专长扔掉了，去学行政、财务、管理，做了很多努力也做了很多无用功，很多东西不是我想做就能做好的。"

"那你后续怎么考虑？还打算回去做以前的设计工作室吗？"

青青很无奈："这也是最尴尬的问题，这两年设计活儿我几乎都没碰过，手生了，要再捡起来需要时间，而且我以后也不想继续做单纯的设计师，未来找到合适的方向了，再考虑要不要继续做公司……"

**看清形势早点儿止损，比死磕更有效。**

田青青有一点特别好：虽然难受，但是拿得起放得下。

"结束就结束了吧，我的确不适合干这个，再拖下去，欠的钱会更多，还是考虑一下以后怎么办吧。"

"好，那我们一起向前看。"我鼓励青青。

我和田青青一起分析了她的能力矩阵。

| 优势（喜欢并且擅长） | 设计/活动策划（是从小到大的优势），创业圈和设计圈的人脉关系 |
|---|---|
| 盲区（不喜欢不擅长） | 文案、商务、公关、销售、行政、财务、人事（这两年在盲区投入很多精力，自己很辛苦） |
| 退路（擅长但不喜欢） | 创意活动执行（大概也是因为这个原因，当初投资方才让自己来做现在的这个公司） |
| 潜能（喜欢但不擅长） | 产品设计、演讲、用户心理研究 |

青青的长远目标：未来还是想继续创业，但是深知自己还没有明确的方向和目标，没有在别的公司工作过，还需要补很多的课。

而且由于年龄关系，要考虑两年内怀孕生宝宝。

所以，先找到当下最好的策略：**先根据自己的优势找一份合适的工作，弥补自己在大平台中缺失的经验，在未来两年内找到创业新方向**。

我对田青青说："你还要准备做妈妈，实现大的目标也需要时间，大方向可以不变，不过我们可以采用小步快跑的方式，一个阶段完成一个小目标。中间需要你不断地调整策略，最好的方法就是资源+愿景结合，在不同的阶段要有不同的重心，准妈妈、妈妈、职场人、妻子……各个角色在不同阶段的排序都不同。"

田青青开心地给自己做了一个一年的计划。

第一步，投简历找工作。

两周后，田青青拿到了三份新工作的Offer，让我帮忙选择。三份工作都是总监级的职位，都和设计策划有关。

我对她说："你真棒，我们再来选一选新工作。"

我们使用了决策平衡单，同时结合田青青的能力、优势、资源、兴趣、诉求、期待，从不同维度对三个选择进行打分，最后选择了一家已经完成C轮融资的创意联合公司，做区域的负责人。

| 考虑项目 | 某创意联合公司区域负责人 | 某国资企业品牌推广 | 小型设计公司总监 |
|---|---|---|---|
| 自我因素（能力、兴趣、价值、年龄、理想等）<br>周边因素（地位、报酬、利于家庭、未来发展等） | 183分 | 148分 | 133分 |

## 我适合哪个工作岗位

我对田青青说："我们在职业选择中有两种匹配的策略。"

### 职业选择的两种匹配策略

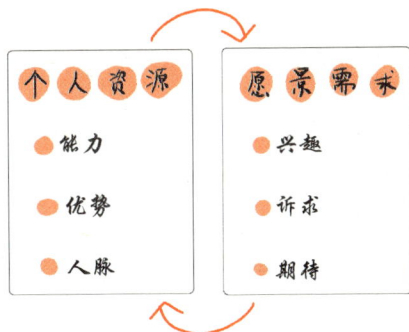

个人资源：能力、优势、人脉

愿景需求：兴趣、诉求、期待

一种叫作资源策略，就是从已有的能力资源出发，先做好手边的事情，能做好什么就做什么。

另一种叫作愿景策略，就是从自己的需求愿望出发，倒推满足条件。要达到这个目标，我该有什么能力和资源？然后主动地去补充。

这两种都是不错的职业选择策略。

**资源策略是一种现实主义的跟随策略**。

它的好处是效率很高，非常务实，马上能开始，立刻就有收益，而且压力很小。

缺点是你做的事情可能不完全是你想做的，你收到的回馈也不一定你都喜欢。

长时间的跟随会导致一个人出现惰性，如果总是待在自己的舒适圈里，一个萝卜一个坑，长久下来，萝卜就变成了坑的模样。

一旦外界发生变化，自己会措手不及。

**愿景策略是一种理想主义的领跑策略**。

它的好处是你能获得自己想要的东西，但是这可能需要很长的时间，因为能力的培养和资源的积累不是一朝一夕的事。

如果你是完美主义者，想要完全满足自己的需求，但是资源或者能力短期内就是不够，就迟迟不出手，那越是不出手，越是没法做下一步行动——结果自己把自己憋坏了。

**最好的职业选择方式是资源+愿景结合的策略。**

**先看自己想要什么：兴趣、目标、价值、期待。**

**再看自己有什么：专业、能力、优势、人脉。**

结合自己当下所处的阶段和现实需求最后定什么是适合自己的工作。

一般来说，刚进入职场的新人，最好的策略一定是定目标加追随，先搞清楚需求，先适应，再求生存。

公司对你的期待是先做好手头的事，也会提供很多资源、培训、谈话，帮助你跟上。

这种适应和能力高低无关，即使是高管空降，一般也会先丢到洼地，职位放低一级，等到适应了环境，做出来成绩，然后才放到位。

等你度过了适应期到了快速的发展期，长期跟随会让你进步变慢，也会出现懈怠和厌倦。

这个时候，就需要你提升愿景策略——你到底想要什么？你如何发挥自己独有的天赋和优势？你如何在组织里实现自己的价值？

这时你有了成功的经验，有了话语权，也有了能力筹码，公司反而会主动思考如何满足你的需求，升职、调岗，或是内部创业，你就有了更多选择自由。

田青青的新工作，既结合了她的个人资源情况，又结合了她的愿望方向，是当下最合适的选择。

最后一次咨询的时候，我们都很放松，田青青也很释然："创业和打工都只是一种形式，只要做着自己擅长又快乐的事情就好。"

"对的，等我们度过了发展期、平衡期，你内心方向更笃定，就可以顺理成章地做自己想做的事情了。"

## 你的真实梦想是什么

每次和来询者畅想未来，一起描绘美好未来的职业蓝图时，都可以看到她们的眼里闪烁着星星：

要有一份体面的好工作；
要好好努力，争取年薪20万元；
要为了让爸妈欣慰出人头地；
要为了配得上自己爱的那个人；
要做一个可以自己掏钱买漂亮包包的女生；
要逃离雾霾有一栋面朝大海春暖花开的房子；
要做有意义的事业成为一个受人尊敬的人……

不同的人心中藏着不同的火苗。

它们支撑着我们再困也必须要早起，支撑着我们没完成工作就不能睡觉，支撑着我们风雨无阻挤进蜂拥的地铁人流。

看到同龄人的成就后会羡慕，享受了安逸假期后会惴惴不安，我和她们一样，我也会想象着十年以后，我和一群向往着梦想和自由的职业女性围坐在一起，分享着创业的酸甜苦辣，讨论着自己的事业和家庭，展望着我们的梦想和幸福。梦想也是由我们的本性产生的，是想要达到某种目的的需求。

**真实的梦想＝初心的驱动力**。

我们最想达到的目标，**我们最想成为的那个人**。

初心就像深埋在你心中的一颗种子，一旦有了合适的土壤、阳光、水分，它就会从心底发芽、生长。

只要我们定期为这颗种子浇水、施肥、除虫，终有一天它会枝繁叶茂，开花结果。

每当我们觉得迷茫的时候，就静下来想一想：

我为什么要做这件事情？
我能够为别人带来什么价值？
我做这件事的驱动力是什么？
它会让我长久地快乐吗？

比如，我做女性职业规划的初心：**让天下没有难做的女人**。

中国有数以亿计的女性职业者，得到足够的包容、理解、关怀的人却很少，得到专业的职业规划的人更是寥寥。

我想致力于中国女性的职业规划事业，成为专注职场女性幸福规划的人。

这就是我的梦想。

第二节
# 重新发掘你的优势

戴萱今年30岁，曾经在某大型航空公司做了5年空姐，3年乘务长。

后来她勇敢地辞职创业，自己成立了美容形象工作室。

她给我讲了她飞行中的各种故事。

空姐看似光鲜，实际上是一个高危高压的职业。

航路上经常遇到气流颠簸，空姐们一边心惊胆战，一边还要耐心安抚照顾旅客。

飞机起飞前突然出现了机械故障需要检修，空姐得和颜悦色地劝慰旅客等待。

　　飞行中遇到突发疾病的旅客——心脏病的、大出血的，还有生孩子的，空姐需要及时观察救助。

　　还要耐心应对各种奇葩旅客的无理要求，甚至男性旅客的骚扰。

　　**有一些优势是你没有看到的。**

　　**一名优秀的空姐需要具备的素质包括出众外表、专业技能、超强服务意识、情绪管理、快速应变能力、高情商沟通、医疗救护知识、危机处理能力、抗高压能力。**

　　"看来任何一名合格的空姐，都可以胜任任何一家公司的高级行政管理人员的工作哇！"我对戴萱点头说。

　　戴萱说："就是这样的啊，但是大部分空乘却不知道自己的真实价值，仅仅把自己定义为一个'高空服务小妹'。"

　　长期的干燥的机舱环境、倒时差、高空辐射、生物钟紊乱，很多飞了几年以上的空姐都是一身的病痛。

　　静脉曲张、内分泌失调，甚至很难受孕。

　　戴萱最忙的时候一个月内连续飞了十几个国家和地区，从北美的加拿大到中欧的捷克再到西欧的荷兰，回到家后整整躺了一个星期。

女儿说："妈妈不是在睡觉，就是在去睡觉的路上。"

戴萱说："在航空公司里，空姐们能看到的最高目标就是乘务长，从一进公司就已经能望到自己的天花板。

"等做到了乘务长之后想再往上走，就难上加难了。

"圈子小、封闭、对外面的世界知道的很少，对自己的职业前景几乎没有规划。"

戴萱两年前勇敢地从航空公司乘务长的职位辞职，也需要极大的勇气。

"我没有后悔过，除了能用好我的优势，我还希望过更有意义、更快乐的生活。"

戴萱的形象设计工作室现在如火如荼，她还经常受邀到各大高校、企业讲形象礼仪课程。

"我希望我能成为一个楷模，告诉那些做空乘的姐妹们，我们的人生职业还有多种的选择，让她们看到更多的可能性。"

## 寻找你的优势工作

戴萱的新选择很好地代表了一个职业模式：MPS。

它指的是：**意义（Meaning）、快乐（Pleasure）、优势（Strengths），找到适合的工作，可以发挥我们的优势和热情。**

我们用三个关键的问题来问自己：

什么能给我带来意义？
什么能给我带来快乐？
我的优势是什么？

找出这其中的交集，这样的工作就是能使你感到幸福的工作。

以戴萱为例，用MPS的方法梳理她的职业重定位：

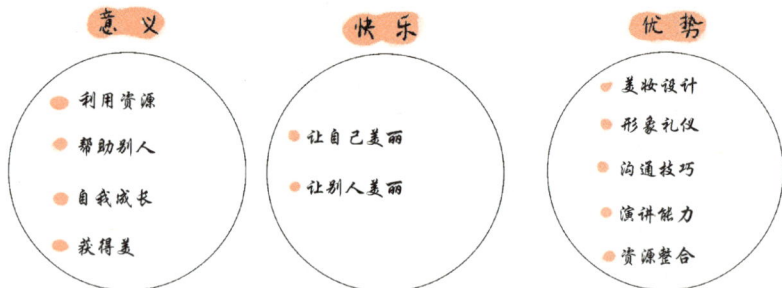

### 梳理职业重定位

**意　义**
- 利用资源
- 帮助别人
- 自我成长
- 获得美

**快　乐**
- 让自己美丽
- 让别人美丽

**优　势**
- 美妆设计
- 形象礼仪
- 沟通技巧
- 演讲能力
- 资源整合

对戴萱来说有意义的事情：用好资源、帮助别人、自我成长、获得美；

能让她快乐的事情：让自己美丽，让别人变美；

她的优势：美妆、形象设计、礼仪培训、沟通技巧、演讲能力、资源整合。

在交集中的答案是什么呢？

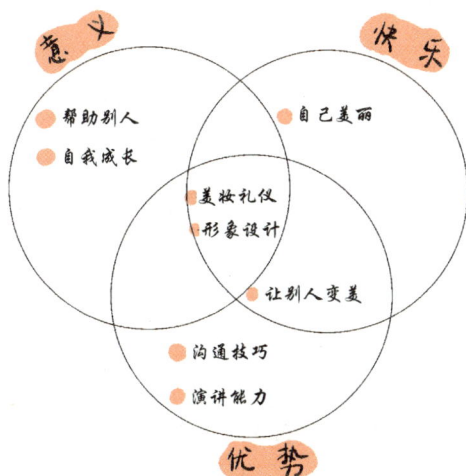

综合分析之后会发现，形象礼仪和美妆设计，是能令她更加

幸福的工作。

　　戴萱说："姐，以前我只是想做自己喜欢的事情，被你这么一总结，还真是这么一回事呢，要做有意义又快乐的事情。"

　　MPS的方法是一个非常好的工具，我们可以为自己找一份既有趣又有意义还能发挥个人优势的工作。

　　MPS方法给我们的另一个提示是：**人们有选择工作的权利。幸福并不取决于我们得到了什么、身处何种境地，而取决于我们选择用什么样的视角去看待生活。**

## 寻找你的实现路径

　　知道自己的MPS（幸福生活）模式，我们再用生涯四看的方法看一下4条实现路径。

　　（1）向上发展。

　　我问戴萱："当初你还有没有可能在公司内部承担更大的责任，带更大的团队，比如做主任一类？"

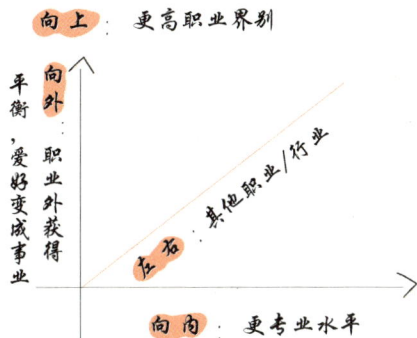

戴萱："别想了，我都已经做到了乘务长，还有培训部负责人，想再做到主任，在大型国企没有很强的人脉关系几乎是不可能的。"

（2）向深发展。

"嗯，那深入发展就不用说了，你已经是资深人士了对吧？"

"嗯，我已经连续做了两年优秀乘务长，并且做到了员工的礼仪培训总负责人，专业程度，全公司还是很认可的。"

（3）左右发展。

**转换职能，进入更适合你的领域。**

戴萱说："从空乘做到了乘务长，然后又深入了内部培训的工作，专业能力已经得到了很好的拓展，如果让我跳到其他航空公司，没什么兴趣，情况都一样"。

（4）向外发展。

我喝了一口茶，喃喃地点头："因为你想要的没有办法在公司继续实现，所以你就选择辞职出来，向外发展了。"

戴萱眼睛弯成了月亮："姐，你不知道我当初辞职用了多大的勇气啊，那些姐妹们看到我辞职都觉得好不可思议。"

"但是事实证明，你的决定是正确的。"

"对，我到现在都没有后悔过！"

用MPS+生涯四看的方法，戴萱完美地实现了自己职业的新定位。

## 寻找你的真我

2017年初，有一位年轻妈妈来咨询，她叫佩佩，两个月前和老公离了婚，自己带着女儿回到了成都的娘家。

好不容易把孩子上幼儿园的事情安顿好了，佩佩马不停蹄地重新开始找工作。

佩佩说："我之前在杭州一家美容医院做咨询顾问，待遇还可以，不过因为我的户口还在成都，为了女儿以后上小学、中学方便，就决定回来了。

"上个月也投了几份简历，这周面试了几家公司，有点难以下决定。"

"嗯，你希望我能帮你一起选择哪份工作更合适，对吗？"

佩佩点点头："是的，我现在要自力更生照顾女儿，找个合适的新工作挺重要的。"

摆在面前的工作机会有两个，一个是成为连锁美容机构的销售经理，另一个是成为留学中介机构的销售。

我们先一起分析了两份工作的利弊和挑战。

| 利弊分析 | 美容连锁机构 | 留学中介机构 |
|---|---|---|
| 优势 | 自己熟悉的行业、轻车熟路 | 沟通能力足够 |
| 劣势 | 没有明显劣势 | 陌生行业 |
| 机会 | 机构扩张了新店，高薪聘请资深美容顾问 | 正常招聘销售人员，培训上岗 |
| 挑战 | 需要熟悉本地市场 | 需要熟悉业务全流程 |

分析了优劣势，怎么看都是第一份工作薪水更高，发展前景更好，更符合她当下的情况。

可佩佩就是犹豫："我也知道第一份工作更好，可我就是担心……"

"你在担心什么问题呢？"

"美容医院的负责人里有我以前的大学同学，我不想让她们知道我离婚了……"

"呃，这是何苦呢。"

佩佩低着头："我曾经是一个大家羡慕的女生，嫁了一个有钱的老公，当初婚礼办得轰轰烈烈，大家都觉得我应该很幸福。离婚，在朋友面前是一件难以启齿的事情。"

我们总是希望做"别人家的孩子"：颜值高、工作好、孩子乖、老公多金体贴还专一。

以为努力把自己打扮得很完美，就会更成功，更有安全感。

其实，你以为不完美的地方，别人可能觉得很寻常。

你费尽心思去掩盖的小缺点，别人可能根本没有发现。

我安慰佩佩："离婚，现在是很寻常的现象，没有多少人会在意的。

"如果是你的好朋友，遇到跟你一样的情况，你会怎么办？"

佩佩说："我一定会好好安慰她，问她需不需要帮助，因为我知道那样的事情会很难受。"

**"这样就对了，换个角度看问题，把自己当作自己的朋友，我们会更加善待自己，而不会苛责自己。"**

最后，佩佩遵从了自己的内心，选择了第一份工作："这是为了自己和女儿的生活更有保障，而不是为了别人的看法和所谓的面子。"

每个人的内心，原本都有明镜一般的智慧——可以像镜子一样，清楚地映照出情绪的生起、变化、消失，各种想法的来来去去。

当我们有明镜一般的觉知观照时，更容易表里如一，与真实的自己、真实的意愿一致，而不再内耗。

如果总是关注着别人的目光，你会被迫参与演出，做很多自己不喜欢的事情，更容易叹息世态的炎凉，怨责他人的反复无常、不可信任。

只有向内看自己，找回明镜一般的心，才会知道：**选择的自由，一直在你的手里**。

第三节

# 生娃以后如何重返职场

### 一边想要搬砖，一边想要抱娃，怎么办

生了宝宝之后，妈妈重返职场，大多会觉得一心两用甚至是

一心数用，时时刻刻都处在焦头烂额的糟糕感觉中：

> 生了孩子休完假回去，职位没有了怎么办？
> 做了三年的全职妈妈，我还能找到合适的工作吗？
> 从奶粉尿布的世界重回职场，怎么在最短的时间内适应节奏？
> 换了一个新的行业，我该怎么样兼顾家庭和事业？

梅梅在一家金融产品公司做理财顾问，怀孕七个月的时候有早产的迹象，所以不得不提前请病假回家保胎。

等到孩子四个月后，再回去上班，离开公司已经半年多。

梅梅发现一个个挑战正等待着自己：

自己原本的职位已经被人顶替了，负责的老客户也被新同事接手；

对公司最近的新业务一无所知，有了脱节的感觉；

孩子没断奶，白天工作，晚上喂奶，精力不如那些单身的同事足，学起新业务就更吃力。

可是部门竞争激烈，每个人都在努力完成业绩目标，老板也不会因为你是妈妈而加以照拂。

梅梅感觉特别疲惫："我过着两头奔忙的日子，分身乏术，每天觉得心力交瘁。"

**有些事情要努力，有些事情要看开。**

我问梅梅："有哪些让你焦头烂额的事情，是不是每件事都很重要，我们不妨来排个序。"

梅梅说："喂奶、做饭、做家务、熟悉新产品、拜访客户、月底业务考评、整理旧资料……真的好多事。"

"不急不急，我们把它们分为重要紧急、重要不紧急、不重要紧急、不重要不紧急。"

我和梅梅一起梳理了一下。

| 分类 | 事项 |
| --- | --- |
| 重要紧急（迫在眉睫，不可替代） | 熟悉新产品、带娃 |
| 重要不紧急（慢慢做，但要完成） | 月底业务考核、拜访客户 |
| 不重要紧急（别人催得急的事） | 整理旧资料 |
| 不重要不紧急（琐碎的杂事） | 做饭、做家务 |

看了表格，我对梅梅说："看起来现在最不可替代又很重要

的事情就是上班的时候尽快熟悉新产品，晚上的时候把娃带好，对吧？"

梅梅说："的确，离开了半年，公司推出了好几个理财新项目，我必须尽快上手，孩子还小，夜里我得起来喂一次奶。"

"做饭、做家务这类事情，如果你很累了，可以让保姆或者其他人代劳吧？"

"嗯，只是觉得爸妈白天有点辛苦，所以我回家就尽量帮忙，看样子是应该给他们请一个钟点工了，我周末就去家政公司看看。"

"老公呢？老公也一样忙吗？"

"老公加班更多，不过出钱请保姆他是很乐意的，之前只是爸妈觉得有点浪费，所以没请。"

"那说服爸妈，琐碎的家务事情就这么解决了，你每天回家就可以轻松一点，只管带宝宝玩就好。"

## 烦心的事情很多，重要的事情很少

"梅梅，其实记得一件事就好，判断一件事情是否真的重要的标准只有一个：是否对你的关键目标（无论是长期，还是短期）的实现有益。比如熟悉新业务，比如继续给孩子哺乳。"

梅梅说："是啊，这么看起来重要的事情也就那么几件，只不过经常被其他人催的莫名的很焦急，一会儿找你要资料，一会儿让你帮忙，好像我看起来很好说话的样子。"

"对的，再比如说做饭、做家务，每天好像都有很多事情要做，但是实际上这些工作其他人也完全可以代劳的。"

"所以，最重要的任务永远只有一种——真正对你的目标实现有帮助的事情。"

职场妈妈在照顾孩子的同时还要兼顾工作，与全职妈妈相比，花在孩子身上的时间和精力自然是大大减少。

而职场妈妈们习惯性地将照顾孩子的责任全部揽到自己身上。

如此一来，一旦孩子有了什么小病小痛，妈妈就会认为是自己没有照顾好孩子，万分自责。

　　所以，为了工作和家庭都兼顾，职场妈妈能做的唯一选择就是"压缩自己的休息时间"，甚至尽量少睡觉。

　　将所有的精力和时间都奉献给了家庭和工作，反而没有时间对自己的工作生活重新定位和规划。

　　长此以往会认为自己付出了所有，却没有得到应该得到的关怀和关注，情绪就会更加的焦虑，甚至失控。

　　梅梅能够尽早意识到自己的问题和无助，尽早想办法解决，是聪明的做法。

## 为母则强，当妈不贬值

　　优秀的妈妈不会贬值，我们只不过到了人生的另一个新阶段，我们会比以前更加坚强、大度、有责任心、有包容心。

　　几乎所有的同事都认为，做了妈妈的女人工作的时候更努力更认真，不会像小姑娘的时候一样随便叫苦叫累撒娇。

　　因为我们都希望给孩子树立一个好榜样，都希望通过自己的努力为孩子创造更好的未来。

所以，**当了妈妈的女人，其实变得更强大，应该更自信。**

如果回到原来的公司，解决办法是分清重点，尽快适应上手；

如果重新找工作，解决办法是调整心态重新开始，先工作再升职。

**因为休产假而暂时离开工作的妈妈可以这样做。**

在产假到期前要跟同事沟通下，了解公司最近的项目和工作状况，提前适应，提前预知。

这样可以让自己有准备，以防措手不及，两眼一抹黑。

**在家时间超过一年的全职妈妈则可以这样。**

即使待在家里，学习也不能停——看书，看新闻，关注行业动态，关注新事物——千万不要让自己落伍，变成"山顶洞人"。

重新找工作之前，最好先到招聘网站看看有什么适合自己的职位，除非对自己很有信心，否则对薪水待遇的期待不要过高，先积累自己的势能，再慢慢爬坡。

暂时的退让是为了更好的出发，**杀熟不杀生，不要轻易转行，最好先从熟悉的领域起步。**

成功重返职场的妈妈们，她们的背后都有一个强有力的支持体系，包括人、财、物几个方面。

比如，小雨的家有一个可靠能干的阿姨，帮助她带孩子和做家务，阿姨休假时，小雨的妈妈会来帮忙；璐璐的老公是自由职业者，璐璐重返职场后，他老公负责接送照顾孩子，让她能安心工作。

在重返职场的过程当中，建议妈妈们适当借助自己的人脉关系，比如Lisa当时的工作就是她的朋友介绍的。

人脉关系是我们积累的宝贵财富，大可不必觉得自己这样做是麻烦别人。

一方面，请求他人的帮助是对对方的肯定。

另一方面，妈妈们经历了带孩子的过程，在情商、责任心和工作动力上都有很大的提升。

这也是咱们在职场上的加分项啊！

## 重返职场 *Tips*

**1** 从家庭的角度来考虑，不建议妈妈们选择压力较大或出差频繁的工作，应该给孩子的家庭教育留出足够的时间。

**2** 从自己的长久发展考虑，必须要考虑职业的可持续性，训练一项特长，否则年龄大了就可能会有失业的风险。

**3** 注意和外界的链接。多关注政府公告、时事新闻、财经新闻，了解一些社会的最新经济形势，这能够使你做出一些较为理性的判断。

**4** 关注新技术信息。我平时经常关注的微信公众号有虎嗅网、极客公园、北大新媒体、36kr，这些媒体有总结互联网热点的帖子，有新媒体前沿书籍推荐，也有深度分析的科技类文章，还介绍互联网热词，可以挑选阅读，它能够很好地帮助妈妈们了解社会的科技发展状况，不至于和社会脱节。

**5** 注意自己身体的健康。家庭与事业难兼顾，总有一个会占用更多时间与精力。如果使出"超人力量"，那牺牲的必定是自己的睡眠时间，透支的是健康。

**6** 注意和家人的沟通。心里面有想法和情绪要及时表达，获取家人的支持和理解，不要一个人默默承受压力。

**第四节**

# 摆好正确的跳槽姿势

## 近八成妈妈生育后选择跳槽

吕琪琪最近忙着找新工作。

琪琪吐槽："我快撑不住了，公司在产业园，家在市中心，我每天开车上班需要一个半小时，坐地铁转两次加摩拜单车也需要一个多小时，每天路上往返就要两个多小时，再加个班，晚上回家我儿子都睡觉了！"

我问琪琪："离家远是目前工作的最大问题吗？"

吕琪琪说："是，生孩子之前觉得还好，哪怕怀孕的时候也没觉得赶路有多辛苦。

"但是孩子出生后，再回去上班就不一样了。

"早上出门就开始挂念，晚上再加个班回到家就九点钟，一天都陪不了儿子。"

"目前城里面有两家公司回应了你，但是薪水开的好像比你以前要低一些，你怎么考虑的呢？"我担心地问。

琪琪想了想："如果换到城里的同行公司，薪水会降，不过，比起路上花掉的时间，薪水降一点也无所谓了。"

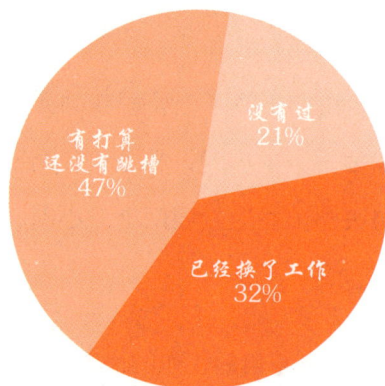

近八成的女性在生育后
有跳槽的打算

智联招聘《2016职场妈妈的生存状况调查报告》数据显示，有近八成的女性在成为母亲之后有过跳槽的打算，其中32%的女性已经完成跳槽。她们跳槽的理由主要有两个：

（1）需要更多的时间照顾家庭

（2）需要更高的收入支持家庭

我做了妈妈之后跳槽三次，每一次都是因为孩子：

第一次是因为身体原因辞职，生完孩子重返职场，就换了新工作，要求就是离家近，行业不变；

第二次是因为工作出差频繁，影响了我照顾孩子和家庭，又跳槽，要求就是少出差，工作稳定，公司环境好；

第三次也是因为要兼顾家庭，不能接受公司外派的条件，上升通道受阻，再跳槽，要求是可以照顾家庭，还要有更大的自主权；

再后来自己创业，诉求就更全面了：更多的掌控权，更自由的时间，更多的发展可能。

如果我没有做妈妈，跳槽时只考虑三个方面：**工作自由度、自我掌控性、未来发展性。**

但是因为我做了妈妈，跳槽的时候需要综合考虑了：上班地点远近，是否需要经常出差，能不能兼顾照顾家庭。

别着急，看看跳槽的正确策略是什么？

很多来咨询的职场妈妈都很困惑，现在工作和家庭不能两全，所以不得不跳槽。

**跳槽要考虑的因素**

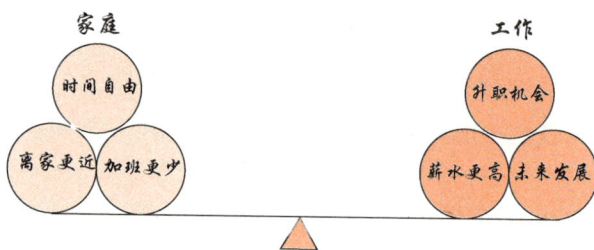

家庭　时间自由　离家更近　加班更少　工作　升职机会　薪水更高　未来发展

到底是为了家庭放弃工作还是为了工作牺牲陪孩子的时间呢？真的很难权衡。

**职场妈妈跳槽的时候，不仅要考虑个人的职业规划方向，还要考虑跳槽给家庭造成的影响。**

家庭和工作就像天平的两端，我们需要不断在秤盘的两边添加筹码，让天平保持动态的平衡。

如果只考虑家庭，不考虑职业规划，妈妈们可能被家庭的琐碎压得无法喘息；

如果只考虑个人发展，不考虑家庭，职场妈妈们可能得不到家人的支持理解，自己也会有内疚感；

做好个人职业规划的同时，还应与家庭成员做好沟通工作，取得他们的理解和支持，职场妈妈可以和爸爸一起分担家庭的压力，避免因为跳槽而带来不必要的家庭问题和经济压力。

对于职场妈妈，即使通过各种综合考虑要跳槽，也要遵循以下几个基本原则。

## 跳槽不要冲动

即便苦恼，吕琪琪也没有随性地先辞职。

她先找专业人士咨询，再投简历找新工作，等新工作尘埃落定了，才提出离职。

跳槽和转行都不是轻松的决定，即使现实很严峻——没有老人带孩子，好保姆难找，每天上下班要用三个小时……也不要草草辞职，随随便便换个离家近的新工作。

对于还需要继续工作的妈妈们，下一份工作依旧需要用专业的方法来规划，否则，一旦工作不尽如人意，新的问题又会出现。

新工作做不下去，难道继续跳槽？

结果可能会越跳越差，严重影响职业生涯，所以，我们需要在规划后再付诸行动。

## 选行业杀熟不杀生

城里的新工作，吕琪琪原本有两个选择：

一家是创业型公司，老板答应给琪琪经理职位，不过公司还在生存期，A轮融资没有成功，前景不太明朗，对琪琪来说风险较大；

一家是大公司的合作业务公司，虽然只能做专员，但是可以直接和大公司的中高层打交道，琪琪的老公也和朋友合伙创业，对家庭今后的人脉积累有帮助。

最后，权衡了自己、家庭的整体需求和利益，她选择了大公司的合作业务公司。

虽然我们可能在职场上打拼了多年，积累了不少职场经验，但往往很难把这种经验转换成有价值的资本。

这个时候，如果耐心梳理以往职场生涯的经历，用以往的职业资本的积累作为铺垫，找到定位，就可以快速找到新的价值平台。

## 找到内外平衡点

我们如果在生育后跳槽，需要找到自我需求与职业的平衡点。

是否真正喜欢这份职业？是否适合在这家公司发展？

如果准备跳槽，该以什么标准去选择行业、企业、职位？

这个新职位我能胜任吗？挑战有多大？

家庭的需求和自我的需求能否通过这份工作得到实现？

最后，我问吕琪琪："新工作是和外界打交道，你能适应吗？"

琪琪说："应该没有问题，再怎么说我也是做区域市场拓展的人，客户沟通是必备技能啊。"

"那新工作前景如何？是你真正喜欢的吗？"

"白老师你还别说，现在不是都提倡合作吗，这家公司主要是做大数据业务的，前景应该不错。"

"嗯，这个方向是社会发展的刚需，前景看好。现在看来离家远的问题也解决了，公司发展也不错，比较两全了。"

"嗯，我决定了，换新工作！明天就向公司提出离职。"琪琪又"满血复活"了。

"嗯，厘清了这些问题，答案也明确了之后，你就勇敢地迎接新的开始吧！祝你新工作称心如意！"

第三章

O~3~

# 自由职业：
# 妈妈的新选择

我要有能做我自己的自由，和敢做我自己的胆量。

——林语堂《我的愿望》

## 第一节

# 女人比男人更适合自由职业

我的身边有很多做自由职业的"双职"妈妈，一边工作，一边照顾家庭，有设计师、自媒体人、专栏作家、育儿讲师、咨询师……

自由职业正好满足妈妈们的诉求：**更自由的办公地点、更多的掌控权、更自由的时间、更多的发展可能。**

我退出公司的经营管理后，做了女性职业规划，也成为了一名自由职业者。

我可以早上8点把女儿送到学校，9点开始开工：写作、开发课程。

12点吃饭、午睡，下午做咨询或者去健身房运动，然后接女儿放学、做饭，晚上女儿做作业，我在旁边写咨询报告。

每天都是工作时间，随时也都是休息时间，可以连续工作半个月不休息，也可以连续休假十天去旅游。

老公经常一出差就是十天半个月，家里的一切事情就由我来安排照料。

我比在公司里的时候更忙了，但是时间也更自由。

## 自由职业可以满足女性的平衡型追求

身边的女性自由职业者远远多于男性，特别是做了妈妈之后，很多女性都希望能够转型自由职业。从生涯的角度分析男女差异，可以看出很多不同。

**男性的生涯是聚焦型的**。

他们希望通过职业、事业的发展来单点突破，其他则作为支撑。

收入第一，自由度第二，所以男性选择自由职业，首先考虑的是赚钱的能力，如果比原来赚的钱少很多，或者短期内看不到明确增长的自由职业，男人一般是不会选择的。

打个比方，收入从2万元到1万元可以承受，但是从5万元到1万元基本都承受不了，能够一个月拿5万元薪水的男性，辞职后一般选择的是创业，而不是自由职业。

**女性的生涯是平衡型的。**

我们希望通过各种角色——"妻子、母亲、职场人、女儿、朋友"的平衡，达到人生总体丰盛。

所以来咨询的职场妈妈们最典型的困惑就是"怎么样平衡事业和家庭的关系，能够让我有时间照顾孩子照顾家人，顺便还能赚钱？"

很多当了妈妈的女性，选择自由职业的目标都是自由度第一，收入第二。

## 自由职业可以很成功

我在上秋叶私房课的时候，认识了一位正面管教培训师，她叫曼琳，是一位二宝妈妈。

她在2013年初，大宝一岁多断奶的时候，就开始大量学习各种课程，并且取得了专业资质，用了大半年的时间过渡，到2013年底才正式辞职。

因为她是转行做正面管教，所以一年之后，也就是2014年底左右才开始有收费的课程。

现在大宝五岁多，二宝大概半岁，曼琳经常带着宝宝到处讲课。

我问曼琳："现在的工作和生活状态，如果满分是10分，你给自己打几分？"

曼琳说："如果满分10分，我给自己的精神状态能打9分，因为我很享受这个过程，虽然很忙，但是自己很充实很开心。"

"那收入方面的满意度呢？再打个分看看？"

"收入满意度？大概能打到7分吧。因为二宝还小，带孩子很忙，我只能一边上课，一边准备下一期的招生，没有办法全力投入，所以收入不会特别高。"

我特别佩服曼琳，一边带着两个娃，还能一边学习。

我问曼琳："你觉得，妈妈要转型做一个成功的自由职业者，需要做哪些准备呢？"

曼琳对我说："职场妈妈要成为一个自由职业者最需要具备几个要素。

"首先，勇气和责任心，选择转型的时候要想到所有好的和不好的结果，并且愿意去面对不好的状态，遇到问题的时候去解决。

"其次，一定要成为终身学习者，要不停地学习，接触不同体系，最后选择一个适合自己的方向。

"最后，有一些经济方面的储备，帮助你度过开头的时间，不让初期的收入下降太影响你的生活。"

我很赞同曼琳："我现在也是自由职业的阶段，看来我们的想法大同小异，过程也差不多。"

## 哪些妈妈适合自由职业

**家庭有一定的经济基础，为了照顾家庭的妈妈，更适合自由职业。**

Linda，宝宝2岁，她一边带孩子，一边做职业咨询师，顺带给企业讲培训课；

星姐，生了娃之后干脆就辞了职，安心在家带娃、写作，两年出了三本书，成了畅销书作家；

斐斐，有两个宝宝，全家移民国外，自己开了育儿的公众号，把每天和孩子的小故事画成了漫画发到公众号上，据说不算广告收入，光是公众号打赏，每个月都能收几万块，带娃、创收两不误，妥妥的成功自由职业者。

想一边带孩子，一边做事情赚钱，其实是很难的。做得好的职场妈妈们基本都有过人的能力积累：

Linda辞职之前是知名外企的HR经理，专攻企业内训；

星姐之前就是媒体工作者，一直写作，小有名气；

斐斐本身就是资深的手绘插画师……

**这代表她们具备成熟的市场变现能力。**

**另外，她们的家庭经济储备是足够的。**

哪怕初期一年半载没有收入，家庭的生活也完全不会受到影响，这个应该是最好的状态。

如果另一半已经赚钱很辛苦，而你又不得不在家带孩子，那初期要做的可能就不是真正符合自己兴趣的自由职业，更多的可能是打短工或选择一些时间自由的兼职工作赚钱，比如做微商。这些工作不需要太多的技术，也并不稳定，不能被称为真正的自由职业。

**还有一些女性做自由职业是想度过从工作到创业的过渡期。**

已经在职场中积累了十几年经验的女性，想在照顾家庭的同时，又进行创业，要怎么做呢？

初期可以选择自由职业者的方式过渡，先一个人探索一下商业模式是否可行，这也是成本最小、效率最高的方式。

我现在的状态就是介于第二种和第三种之间，先做自由职业，专注女性职业规划；以最小的成本试错，再组建团队快速迭代。

## 选择自由职业前先问自己几个问题

### Q1

### 自由职业是你自己主动选择的吗？

曼琳当初辞职做正面管教就完全是自己的意思，她说："我在辞职之前一年就想清楚了，所以先主动学习、积累，做兼职讲师，用一年的时间来过渡做自由职业。"

我听说过有人因为羡慕网红，大学毕业后非要去过gap year（间隔年），跟父母借了钱到东南亚待着，回来抱着必红的念头在网上写游记，但这些游记完全没有转化为商业的价值。

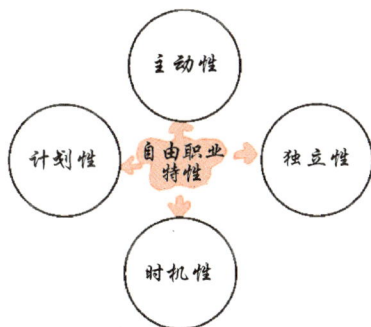

此时，往往又会因为自己"太自由的心"而没办法融入城市生活和朝九晚五的工作……

很多人都想要自由，想要给自己的人生放个长假，不想被束缚。

但不知是否能解决生计问题，或不知自己是否适合自由职业。

最后发现驾驭不了这样的生活，还得回去上班，然后还顾虑之前上班积攒的人脉和资源会不会全没了……

## Q2
### 你是一个享受孤独的人吗?

每个能做自由职业的妈妈都是"三头六臂"。

星姐说："我要写书,还要开发课程,还得会讲课,顺带还得会营销……"

我对星姐说："你不知道自己有多厉害,上次的写作课呼啦啦地就卖出去几万份,新书又热销了100万册吧?"

星姐害羞地笑了,但是依然掩饰不住内心的欣喜:"呵呵,还行吧。只不过每天都需要练习和提升,开发音频课、视频课,做讲座,是没法停下来的。"

各大知识付费平台上的各种新媒体课、写作课、理财课、演讲技能课、大师教练课……报名的妈妈们特别多。

因为,做了自由职业,更需要不断磨炼专业技能,不断晋级。

不上班绝对不是职业生涯的终点,相反,一切才刚刚开始而已。

如果你不太看重这些心理上的自由，追求的是稳定的生活，也不能享受独立工作可能带来的"孤独感"，那最好回去上班。

## Q3 你对自由职业的发展有规划吗？

丸子姐是一名插画师，也是一位3岁孩子的妈妈。从做兼职设计接单到自由职业用了整整三年，她从怀孕就开始琢磨成为自由插画师的事了。

（1）花大量时间练习。她大量浏览优秀插画师的作品，还认真学习了法律知识和项目管理流程，比如合同知识、版权知识等，为自由职业做储备。

（2）提高品牌知名度和曝光度。丸子姐将作品发布在专业平台，曝光量逐渐提高，随后还自己设计、印制了个人绘本集。

（3）积累客户。丸子姐初期就学会耐心跟客户沟通，了解客户的需求，积累了越来越多的忠实客户。

（4）严格进行时间管理。丸子姐准备了一个笔记本，把各种工作以及私人事情的时间、周期计划都记录在上面并且严格执行。

（5）坚持锻炼和养好身体。即使带娃，她每周也跑步三次以上，为自由职业打好基础。

就这样兼职做了三年后，丸子姐的作品稿费由原先的300元/幅提高到了5000元/幅，于是她开开心心地在家带娃，做起了自由插画师。

## Q4 现在是辞职的好时机吗？

小熊也是一名设计师，但是她的情况和丸子姐就不一样了。

她之前在一家以疯狂加班著称的广告公司上班，之后全职带娃，也顺带做了自由职业。

几个月前的一天，小熊突然打电话给我："我在家做了一年的全职妈妈，现在孩子交给我妈带，我准备继续出去找工作"。

我很惊讶地问小熊："你不是接到很多活儿做吗？怎么回事？"

小熊说："我是接了很多活儿，但是好几个公司项目都拖着没有给钱。我的策略有问题，还是按照以前公对公的流程，先干活儿再结算，应该先让他们付钱的。

"我去要钱，对方还理直气壮地说'你再等两个月吧，你要知道，公关公司都这样，客户没结款，我也没钱给你'"，小熊很无奈。

"唉，个人工作者一般都是先收钱再干活儿，你这样好没有安全感。"

"对啊，家里有房贷车贷，老公的公司现在也不太景气，我还是先回去上班吧……"

前几天，她又恢复了朝九晚五的职场生活。

做自由职业应该选择合适的时机，个人准备好了，市场也摸清了。

如果准备做自由职业者，那么你手中能够自由支配的储蓄最好至少能满足你6～12个月的日常花销，这样的话你的选择余地更大。

在自由职业的初期，大都会缺少能带来稳定收入的渠道，可能经常靠运气，收入不太稳定，一旦运气不好或有其他因素影响，便会面临连续几个月接不到合适任务的情况，就可能让你无法把自由职业进行下去。

## 第二节
# 走上自由职业之路

### 想做自由职业的妈妈

卢雪，27岁，生活在广州，听了我的线上分享课后加了我的微信。

卢雪大学学的是心理学专业，目前做HR工作，计划一年内怀孕生子，老公正在和朋友一起创业公司，接下来他会离开广州到上海。

卢雪希望自己以后能够成为自由职业者，有更多的时间照顾小孩和家人，请我帮她梳理后续的职业规划。

我问卢雪："是什么原因驱动着你未来想做自由职业呢？"

卢雪说："因为想做自己喜欢和擅长的事情，同时还有更多的时间照顾家庭。我给自己留了8年的时间，准备逐步过渡成为真正的自由职业者。"

我为卢雪点赞："为自己预留了8年准备时间？我很少见到像你这样未雨绸缪又目标坚定的女孩子呢。很赞！"

卢雪不好意思地笑了："人总要为自己提前做打算嘛，先思考再行动，即使以后有变化，也不会那么慌乱。"

"规划期比较长，可能会有很多变数，我们最好分阶段来实现。不着急，我可以帮你一起来打开自由职业的大门，看看里面有什么东西。"

第一次咨询时我们共同梳理了她目前的个人情况，看看到底是不是真的适合做自由职业。

**卢雪心中未来理想的工作状态是这样的。**

时间：更自由，不用朝九晚五，可以兼顾家庭，照顾孩子，让家庭和谐稳定。

收入：薪水和同行相比达到中上即可。

成就感：获得专业能力认可、情感上的认同。

想做的工作方向：和孩子有关的工作，亲子教育或者儿童心理教育。

我对卢雪说："要达到这样的状态，你的优势和潜能就很重要了，优势可以扩大，潜能可以激发，为将来打基础。"

我让卢雪拿出一张白纸，列出自己的优势和潜能。

| 优势（喜欢并且擅长） | 写作、组织策划活动、心理咨询 |
| --- | --- |
| 潜能（喜欢，还需要培养） | PPT制作、演讲，培训技能，主持能力，逻辑思维能力 |

## 自由职业的真实含义

我问卢雪："根据对周围成功的自由职业者的了解，你觉得比起他们，自己需要提升的能力是什么？"

卢雪回答："应该是核心能力。我身边也有很多成功的自由职业者，他们身上都具备比较明显的优势，比如育儿讲师、英语讲师，都有扎实的技能。之前学习过古典老师关于自由职业者概念，自由职业者实际上是产品人+营销人+运营人，我现在连产品人都不算，更别说营销和运营了。

"这条路还比较长，但是自己想去尝试。"

"对，自由职业其实就是**自由支配自己的时间，自己选择为谁服务**。"

### 第一层级：选择公司的自由。

这个阶段的目标是跑赢职位。当你的能力跑赢了行业平均水平，你就有了选择全行业公司的自由。

简单来说，你有了选择和谁、以什么方式工作的自由。

各个公司的职业骨干、职场小红人，都属于这个层级。

### 第二层级：选择工作内容的自由。

第二阶段的目标，是跑赢财务目标。提高能力，积累资源和资本，让自己从生存任务里脱身。

这个阶段的人的职业选择会变得很多，能做的事情也有很多。

但是他们开始选择自己真正想做的、有意义的事。

他们不再被这件事的收入影响决策，他们有是否挣这份钱的选择自由。

**第三层级：有实现梦想的自由。**

前面两个层级，是拥有选择和谁干，或者干与不干的自由。第三个层级的自由，是创造的自由，有能力创造和成就自己想做的事情的自由。

今天各个行业、领域的领军人物、创造者们，他们拥有的就是这种自由。

"我现在连选公司也不是那么自由，看来确实需要准备8年，哈哈。"卢雪自嘲地说。

我对卢雪说："嗯，我做自由职业也还不满一年，要成为真正的自由职业者，有几个必备条件。"

（1）专业的技能，能解决客户的问题，比如说做律师办案、培训师做培训、设计师做设计。

（2）能对自己严格要求，特别是每天工作时间的安排，没领导管你，你得自己管自己了。

（3）有很强烈的欲望，一开始可能不赚钱，但是不能轻言放弃。

（4）懂得享受生活，不能天天熬夜、做宅女，要按照正常上下班作息来安排。

卢雪说："是啊，之前就是看到那些做得成功的人，想放假就放假，想旅游就旅游，特别羡慕他们。"

"嗯，好处很多，其实坏处也不少啊，只是他们没告诉你而已，比如：

"初期没有稳定的收入；

"别人有公司给上×险×金，你得自己掏腰包去买；

"很难做到规律的生活，有健康隐患；

"别人放假照样拿钱，你少干一天活就少拿一天钱；

"时不时会有时间紧工期短的工作要完成，赶工的时候其实比上班族更累；

"别人工作的时候你可以放假，但别人安享假期的时候可能你不得不工作，包括春节；

"想去日本之类的地方旅游，办签证的人告诉你，你有多少存款没用，你年收入多少也没用，银行就认稳定的月流水……"

我细数了很多自由职业者可能面临的问题，然后问卢雪："现在，还打算继续做自由职业吗？"

卢雪沉默了半分钟："虽然比我想象的要困难，但是我已经做好打算了，不改决定！"

"好，那我们就继续往下走！"

## 找到你的事业甜蜜区

第一次咨询，确认了卢雪的目标。

第二次咨询的时候，我对卢雪说："我们需要找一找你的事业甜蜜区。

"打开一张纸，先列出你喜欢做的事情，再列出你擅长做的事情，取它们的交集，看看什么是你喜欢并且擅长的，这就是你的优势区，比如写作、心理咨询等。

"接下来，在你的优势区中找到那些很容易产生价值的、能变现的事情。最简单有效的判断标准，就是是否有人愿意买单，并且会重复购买。

"如果你发现你的优势区中有两条以上可变现或者已经变现过的，恭喜你，离自由职业又近了一步。"

卢雪有点惆怅："找来找去，我喜欢和擅长的现在根本没有变现的能力，虽然我学心理咨询，但是基本没有怎么做过案例，也不知道会不会有人愿意为我买单。"

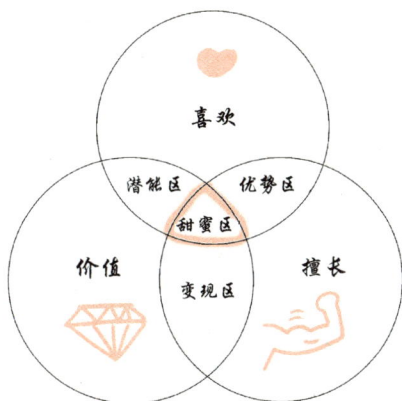

找到事业甜蜜区

喜欢　潜能区　优势区　甜蜜区　价值　变现区　擅长

### 如果暂时找不到甜蜜区怎么办？

"暂时找不到事业甜蜜区也没关系，可以先从兴趣和目标出发。你之前说过未来想要做的是和孩子相关的工作，那就先去调研市场价值，再有针对性的培养能力并蓄能。"

蓄能需要从以下三方面着手。

能力积蓄：通过参加培训、刻意练习，把喜欢做的事情变成优势。

品牌积累：开始写作，攒人气，树品牌。

人脉累积：找到能够为你助力的贵人，并且向他们寻求帮助。

第二次的咨询，留给卢雪的作业是，调查一下自己想要从事的亲子教育和儿童心理教育的市场情况，我给卢雪提供了职业访谈大纲，采访两位亲子教育或者儿童心理教育的从业者。

## 规划你的"采蜜地图"

20天之后，第三次咨询，卢雪拿着职业访谈报告对我说："我已经放弃了亲子教育这个方向，这个市场现在门槛太低，有点混乱。我还是做我的老本行——心理咨询教育比较合适。"

我帮卢雪分析了调查报告，结合卢雪的专业，确实心理教育方向的工作更加适合她。

接着，我们梳理了第一阶段的策略。

（1）卢雪的目标。

远期目标明确：儿童心理教育+自由职业。

近期目标：提升专业能力+积累案例经验+寻求合作机构。

（2）资源情况。

通过二级心理咨询师考试。

通过其他同学介绍参与公益咨询。

参加儿童心理咨询专业课程培训。

通过专业在线课程学习。

找到合适的合作机构。

（3）关键点。

在怀孕之前完成协会的培训班课程。

根据老公的工作变动情况决定是否提前报考儿童心理学研究生。

（4）风险注意点。

包括家庭收入、怀孕时的身体状态，前期积累周期长，初期变现困难等。

所幸卢雪内心坚定，打算用3年以上的时间学习积累，完成全职——兼职——自由职业的过渡。

和卢雪一起定计划的时候，卢雪一直在电话那端傻笑："嘿嘿，一步一步往前走就好，我觉得我可以提前实现愿望。"

"只要你准备充分、方向正确，实现目标是迟早的事情啦！"

我特别提醒卢雪："8年的规划时间跨度比较大，中间可能会有很多变数，需要顺应趋势的变化，先定1年落地计划，争取3年内先成为专业能力更强的人，同步打造自己的个人品牌，提升影响力。

"不要忘了多和行业牛人接触，他们的专业指导，会让你加速成长。"

## 挥洒你的商业画布

商业画布是指一种能够帮助创业者催生创意、降低猜测，确保他们找对目标用户、合理解决问题的工具。商业画布图由9个矩形组成，每一个矩形都代表着成千上万种的可能性和替代方案，你要做的就是找到最佳的那一个。

我让卢雪用商业画布的工具来规划她的自由职业。

| 伙伴网络 | 关键活动 | 价值主张 | 客户关系 | 客户细分 |
|---|---|---|---|---|
| 谁可以帮我 | 我要做什么 | 我怎样帮助他人 | 如何与对方打交道 | 我能帮助谁 |
| | **关键资源** | | **分销渠道** | |
| | 我是谁，有什么 | | 怎样宣传 | |

| 成本结构 | 收益来源 |
|---|---|
| 我需要付出什么 | 我能得到什么 |

价值主张：开发儿童心理学引导课程。

关键资源：考取心理学研究生，通过专业机构课程认证考试，积累咨询案例。

伙伴网络：谁可以帮到我？大学的老师，同学、儿童心理教育培训机构。

关键活动：定位儿童心理教育。

客户细分：中小学学生家长。

客户关系：和学校、培训机构合作。

分销渠道：初期与培训教育机构合作，后期与各类平台合作。

成本结构：咨询、培训、课程。

收益来源：讲课、咨询、写作。

用商业画布梳理后，卢雪选择了喜欢并且能脱颖而出的领域并坚持做下去。

现在卢雪已经制订好了2018年的全年计划，信心满满地开启了能力提升之旅。

第三节
# 自由职业妈妈的自我管理

自由职业的妈妈们经常会在圈子里分享各自的心得体会，有一次线下聚会，我和同样是自由职业的淙淙妈妈、晓琳、范范一起聊天。

淙淙妈妈说："我觉得我做了自由职业，熬夜比以前还多，黑眼圈更重了，怎么办呀？"

晓琳说："我经常带娃出去玩，朋友们都觉得我一定很闲，其实是因为我的工作效率提高了。"

"孩子上学，中午不在家吃饭，我就用泡面当午餐，或者干脆不吃。"范范也吐槽自己的"懒"。

所以，自由职业的妈妈，比上班的妈妈更需要做好自我管理。

## 目标管理

范范说："成为自由职业者之前，我先兼职尝试了一段时间，发现每天下班后只要集中精力，一两个小时就可以完成当天的工作了。"

晓琳说："对啊，关键看效率，如果每天有明确可行的计划，五六个小时高效工作就足够了。"

提高工作效率，一定要为自己建立"要事表"。

将所有任务写下，并规划好重要次序，每次让大脑只专注于当前要做的事情。

先给自己列一个年度计划，然后分解为月度目标，再分解到每周、每天。

明确了每天必做的事情，规定好具体执行的时间，可以留出一点儿空余时间，做一些其他有趣的事情。

我月初给自己定了一个目标：3个月减到90斤。

看起来好像只需要减6斤，不难嘛……

但是减掉这6斤实在是不容易啊！

第一，要保证饮食健康规律；

第二，不能乱吃减肥药；

第三，还要同时塑身和增肌；

好想吃美食……

可是我要努力！

为了夏天穿裙子瘦瘦美美的，上镜瘦瘦美美的！

**目标的分类大体有两种，一种是表现型目标，另一种是进步型目标。**

这两种目标没有好坏之分，人们应该根据所处的阶段和所需要完成的事情来有战略性地选择自己的目标。

（1）表现型目标

心理学家也把这个叫作"绩效目标"，就是展示自己聪明、有才、比别人强。

追求这种目标的人，专注的是获得一个特定的结果。

比如说必须要在北京有车有房，必须一年内达到月入五万元，必须要瘦到多少斤等。

制订这样的目标有什么好处呢？

能给人带来动力。绩效目标高的学生往往能拿到更好的成绩，绩效目标高的员工往往能有更好的工作成效。

（2）进步型目标。

定这种目标可以不用太关注结果，而是用"进步"来衡量自己。

重点是长期的表现，关注自己有没有往更好的趋势发展。

心理学家对这种目标也有一个特定的称呼，叫作"精熟目标"，精确的精，熟练的熟。有这种目标倾向的人，在意的是自己发展或增强某种技术和能力的意愿。

他们在意的是进步，是成长，用来作比较的参照物是旧版的自己，而不是新版的别人。

之前，有一个爱学习的妈妈把她做的读书笔记思维导图发给我看，我觉得特别好。一张图，结构清晰，重点突出。

但是她说："比起那些思维导图大神们，我的还差得远呢！"

我告诉她："你跟自己比较就好了呀，不能一开始就跟大神们比，只要第二次比第一次的读书笔记做得更精练，更有逻辑性，就是进步。"

自由职业的妈妈们，一开始往往都需要先追求进步型目标，不断地充实和精进自己，等到时机成熟计划开启，就可以把年度收入计划这种表现型目标也定下来了。

## 时间管理

我每天的时间表是这样制订的。

**先分割每天的时间段：上午，下午，晚上。**

确定吃饭、睡觉、工作的时间。

睡觉是生活中最大的一块，睡觉和吃饭的时间固定了，你的时间天然地就被分割为了早上、下午、晚上三块。

再挑选工作的时间。

在三块时间中任选两块作为工作时间，最好是选择可以专心且不被打扰的时间段。在工作时间工作，可以帮助你避免拖延。

计算自己完成任务所需的工时，比如写一篇稿子需要3个小时，完成一个中等体量的项目需要3个工作日。

其次是规划碎片时间。

我经常会把零碎的事情放在一起做：

比如我会在做早餐的时候听音频课，背英语单词；

在健身的时候听书，吃午餐的时候看看美剧；

晚上和女儿一起看书。

和上班的时间基本是平衡的。

其他3位妈妈都很赞成我的时间安排："这样很规律，不忙乱，还有富余的时间。"

## 习惯养成

晓琳是做文案策划的，她也是一个有好习惯的妈妈，她的日常是这样的。

每天早起：早上一个多小时的高效时间足以准备好一天的工作素材，然后给孩子做早餐。

每天看书：无论多忙，每天至少保证30分钟到一个小时的学习时间，为自己充电。

每天看重要新闻：财经新闻、时事新闻、行业要闻，随时关注。

每天保持半个小时的运动时间：跑步、骑车、走路、跳舞都行，晓琳喜欢跳舞，会每天在家跳半个小时的健身操，马甲线都练出来了。

少刷朋友圈：朋友圈和微信群，是用来链接重要人脉的，不用随时关注每一条信息，晓琳每天只固定半个小时浏览重要信息。

而我为了养成好习惯，给自己定了十多个闹钟：

6:00起床看书；

7:00准备早餐，听书；

8:00送女儿上学，收拾家里；

9:00开始工作；

10:00运动15分钟；

12:00午餐+午睡；

13:00起床工作；

15:00准备晚饭食材；

18:00陪伴家人；

20:00共同学习；

22:00工作收尾，整理家务；

23:00睡觉。

闹钟截止到23:00上床睡觉，包含了一天的工作、照顾家庭、陪伴家人、健身、学习等常规内容的时间安排，非常规的日程安排可以用朝夕日历记录提醒。

实施了一个月之后，生物钟就和闹钟基本同步了，按时完成计划事项自然地变成了一种习惯，不需要闹钟。

## 健康作息

不要熬夜，不要熬夜，不要熬夜，重要的事情说三遍。

淙淙妈妈说："最近我妈妈病了，白天我只能自己带孩子，孩子晚上10点睡觉，他睡后我才能开始干活儿，干完活儿就凌晨一点多了，最近觉得精神越来越差，皮肤也长痘痘。"

我对淙淙妈妈说："长期熬夜你的身体会吃不消的，女人还容易早衰。你不如跟孩子一起晚上10点多睡觉，早上4点钟起床干活儿，效率更高，也更健康啊！"

做自由职业的妈妈们，健康作息是对自己和家人最大的保护，要谨记以下三点。

（1）按生物钟作息。可以早起，但不要晚睡，每天尽量保证7个小时以上的睡眠，如果第一天熬夜了，第二天最好补觉。

（2）学会主动休息。人体持续工作愈久或强度愈大，疲劳的程度就愈重，消除疲劳所需的时间也就愈长。

（3）生命在于运动。坚持合理的运动，哪怕在家里也可以做下蹲、平板支撑、仰卧起坐。

经常运动的人，肌肉的萎缩和力量的减退可推迟10～20年，血压可保持稳定的正常水平。

## 均衡饮食

在饮食上，宝宝在家里的妈妈们会好一些，毕竟每天要给宝宝做饭，但是等孩子去上学了，有些妈妈就开始"应付"自己了，要么不吃饭，要么天天叫外卖、吃泡面。

范范说："我早餐吃得晚，午餐就不吃了，晚餐和孩子一起吃。"

晓琳摇摇头对她说："你都快瘦得只剩一把骨头了，再不好好吃饭，体力不好，讲课都会中气不足的。"

范范捂着脸："总觉得自己讲话声音太小，难道真的和太瘦有关系？"

"对啊，你又不需要减肥，如果没时间做饭，起码用电炖锅煲点汤来喝吧？我给你介绍一款特别好用的定时电炖锅……"

范范欣然接受："来来来，把购买链接发给我！"

我看到一篇特别好的营养方面的报道，里面推荐了非常适合女性健美的膳食模式——"一到七"饮食模式。

意思是每天一个水果，两盘蔬菜，三勺素油，四碗粗饭，五份蛋白质食物，六种调味品，七杯汤水。

一个水果：每天至少吃一个维生素丰富的新鲜水果，常年坚持会有明显的美肤效果。

两盘蔬菜：每天应进食两盘品种多样的蔬菜，不要常吃一种蔬菜，一天中必须有一种新鲜的时令蔬菜，最好是深绿色的或者深红色的。最好生吃一些大葱、西红柿、芹菜、萝卜、嫩莴苣叶等，以免加热烹调对维生素A、维生素$B_1$等产生破坏。每天蔬菜的实际摄入量应保持在400克左右。

三勺素油：素油就是植物油，每天的烹调用油限量为3勺，这种不饱和脂肪对光洁皮肤、塑造苗条体形、维护心血管健康有益。

四碗粗饭：每天吃四碗杂粮粗饭能壮体养颜美身段，当然是四小碗（需要减肥的妈妈们可以酌情减量）。

五份蛋白质食物：每天吃瘦肉类50克，鱼类50克（除骨净重），豆腐或豆制品200克，蛋1个，牛奶1杯。用低脂肪的植物蛋白质配膳非高脂肪的动物蛋白质，或用植物性蛋白质配膳少量的动物性蛋白质。

六种调味品：酸甜苦辣咸等天然的调味品，作为每天的烹饪佐料不可缺少，它们具有使菜肴更加美味，提高食欲，减少油腻，解毒杀菌，舒筋活血等作用。

七杯汤水：每天喝水不少于七杯，以补充体液，促进代谢，增进健康。少喝加糖或带有色素的饮料。

## 留好退路

在任何时候，我们选择的职业都需要有A、B、Z三种方案，分别代表着我们的最优、备份、后路三种策略。

A方案是指我们最擅长也最想要的，目的是将我们的竞争优势发挥出来，达到价值最大化。

我的A方案：讲课、写作、咨询、写书、创建女性学院。

B方案往往是次好，或者暂时无法开始的计划。如果A计划行不通，那么就B计划。

比如我的B方案：继续参与公司运营管理，和老公分工配合。

Z方案是最差的退路。

我的退路：重新去找工作，做产品运营或者管理。

自由职业期间，"五险"一定不能断，可以自己交，也可以找公司代缴。

第四节

# 女性自由职业者脱颖而出的策略

## 自由职业是一种优势选择

我曾经也想不到自己会成为自由职业者，但是现在我已经爱上了自由职业的状态。

我有14年的互联网产品开发、运营经验，做到企业高管，创业成功，我的目标就是做职场女性的职业规划。

除了多年的工作经验积累，我系统地学习了生涯规划专业课程，阅读了大量专业书籍，做了大量职业女性咨询案例，写行业研究报告，通过层层考核成为了高级生涯规划师；

开发课程，写专栏文章，成为各个平台的签约作者；

给企业和大学培训、讲课，受邀成为专家讲师；

丰富的职场经验+专业的能力+坚定的信念，让我能够为来咨

询的职业女性解决各类生涯困惑，实现自我价值，这也是我选择
做自由职业，再创业的底气。

据不完全统计，常见的女性自由职业大概有以下几类：

作家（编辑/编剧/文案……）
设计师（建筑/服装/室内/UI/平面……）
摄影师（照片/视频/后期……）
艺术家（国/油/版/雕……）
音乐家（各种乐器/音频后期……）
舞蹈健身教练（健身/舞蹈/瑜伽……）
形象设计师（美妆/服装搭配……）
育婴保健（催乳师/育儿师……）

成为一名优秀的自由职业者，需要具备以下三层能力。

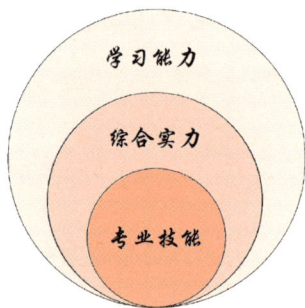

**核心技能是专业水平**。个人水平起码要高于业界平均水平。专业水平差一点。在企业可以混饭吃，自己干就完全要凭本事了。

丸子姐成为自由设计师用了5年的时间，她美术设计专业毕业，大学就兼职接小单子。她除了设计新颖出彩，软件操作也很熟练，同时因为经验丰富，自己很多设计文件都是模块化的，可重复使用。

丸子姐电脑中存了大量的分类模板素材，并不是每次有新的设计需求都要重头画一遍，根据客户需求，只要稍加整合提炼就可以快速完成一幅不错的新作品。出活儿快，成功案例多，客户满意度高，自然提升了她的接单竞争力。

**次核心技能是综合实力**。比如做一个优秀的职业生涯咨询师：

不仅要会做咨询，最好还要会讲课；

不仅要会讲课，最好还要会开发课程；

不仅要会开发课程，最好还能写出一本书；

不仅能写出一本书，最好还能出一本畅销书。

若只有一项能力强，也很难成为佼佼者。

优秀的自由职业者，就是具备硬性综合实力的"超级个体"。

**最基本的能力是学习能力**。可以举一反三，随时随地接触新知识、新事物。

现代社会，学习新技术和了解主流信息是必修课。

每天花15分钟浏览一下虎嗅网、36Kr等，能让我们紧跟时代潮流，一直保持和这个社会的紧密联系。

即使做了妈妈，内心也要有学习的渴望，渴求新知识。

对社会、对世界永远保持着一颗上进心、好奇心。

爱学习之外还要会学习，学会筛选学习内容，而不是看什么就学什么，每天被各种知识轰炸，最终患上学习焦虑症。

　　**对妈妈们来说最简单的学习方法是功利性地学习，选择对你实现当下目标最有用的知识专注学习，学完一样记得要实践，收获成果后，再学习另一样。**

## 妈妈们要学会扬长避短

妈妈们的自身特点导致她们会在以下几方面有**欠缺**。

（1）妈妈是女性，偏感性，容易纠结于细节，这些会导致决策不及时，优柔寡断，瞻前顾后。

（2）妈妈们经常被家务琐事缠身。对政经局势的关注不够，容易造成短视和决策失误，在创新性、方向性的把握上需要修炼。

（3）妈妈们容易受到其他人和事情（家人、孩子、朋友）影响，有时候在时间安排上很难自己做主。

（4）妈妈们选择自由职业或者创业，很多是源于兴趣，缺乏理论分析，兴趣能否持久成为问题。

（5）社会对妈妈们的分工认知偏向照顾家庭和养育儿女，妈妈们想要兼顾，则会非常辛苦，在体力和精力上也不及其他单身女性和男性。

妈妈们也有自身的**优势**。

（1）具有良好的沟通能力。能哄得好熊孩子，难道还说不服一个懂道理的大人？

（2）妈妈们很容易形成圈子。各种社群中最活跃的要数妈妈群，妈妈们更喜欢在一起讨教育儿经、创业经，互相抱团取暖，自然也更容易获得其他人的支持。

（3）妈妈们更有耐心，也更加细致。做了妈妈之后总会比别人想得多，有时候这是弱点，但是大多时候是优点，所以在细节流程和兼顾各方面利益上，妈妈们自然会做得更加周全。

面对妈妈们的优势和劣势，在选择自由职业/创业的过程中要扬长避短，注意以下几点。

（1）在大的方向上不被眼前小利迷惑，做什么和不做什么要想清楚，并坚持下去。

（2）最好有一位协助者或者团队来弥补妈妈在决策能力上的不足。

（3）多看财经新闻，关心政治时事，扩大知识面，不断提升自身的判断能力，提高把握节奏和控制局面的能力。

（4）多积累一些能给你提供有益帮助的男性人脉资源，当遇到挫折时，男性的视角和建议往往很有帮助。

写作本书过程中，我采访了一些自由职业者，摘录如下。

## 采访英语口语老师Tina

▲问：你做自由职业大概多长时间了？是如何过渡的？

■Tina：2017年4月辞职，我用了2个月做过渡期，主要是从北京搬回老家安顿下来。在辞职前，先有了自由职业的想法，并且不断地搜集信息，整理自己的技能，学习新知识等，后来时机到了就辞职了。到现在为止做了3个月的自由职业了。

▲问：现在的工作状态和收入自己满意吗？

■Tina：目前还不是很满意，自由职业是比全职需要更高的自律性，感觉自己还可以做得更好。收入目前还不稳定，维持基本生活开销没问题，想要可持续发展的话就需要更好地规划和布局。

▲问：你觉得要成为一个自由职业者最需要具备的条件是什么？

■Tina：个人感觉是产品和人脉；产品可以是实物，也可以是自己的某项技能或服务；人脉资源可以帮助自己尽快产生现金流。

就像我教英语，算是个刚需性的产品，在刚开始自由职业时正好赶上"饭团"推广期，有许多朋友都帮忙推广，收获了第一批真爱粉。

如果在刚开始自由职业时已经有现成的产品体系和人脉，可以让自己更快进入状态。

**Tina的关键词：产品体系化和人脉**。

## 采访亲子教育培训师青禾

▲问：你做自由职业大概多长时间了？是如何过渡的？

■青禾：我在怀大宝30周时离开原先工作的知名外企，成为准全职妈妈。孩子出生后一边带娃，一边传播正面管教理念。算下来，刚好6年。也许是自己很享受初为人母的喜悦，我感到很幸福，过渡得很顺利。

▲问：现在的工作状态和收入自己满意吗？

■青禾：很满意。尤其是学了那么多儿童心理学知识，更加知道在孩子小的时候，妈妈全身心陪伴孩子的重要性。

所以，现在这样，既能做自己喜欢做的事情，又能陪伴孩子，我觉得刚刚好。收入也在我的期望范围内。

▲问：你觉得要成为一个自由职业者最需要具备的条件是什么？

■青禾：首先需要有过硬的知识和技能，我辞职之前是500强的销售经理，市场业绩也很好，学习能力、沟通能力和交际能力是具备的。所以后来我才能顺利转行做正面管教，并且能够在全国各个城市顺利地招生开班。专业能力足够，这样你才会有更强的变现能力。

其次需要非常的自律，更需要适合自己的时间和效能管理方法，我已经十年如一日地早起和健身，这样我才能有更健康的身体应对创业的压力。

**青禾的关键词：过硬的技能和自我管理方法。**

第二篇·

自由地切换…
演好多个角色

# 职场妈妈
## 的人生角色

世界上的事情，最忌讳的就是个十全十美。

——莫言

第一节

# 同时扮演太多角色，可惜自己不能分身

## 人生没有十全十美

讲到这里我心里就会有些发堵，下面是一位咨询者COCO的经历。

至今，她还在和病魔做着斗争。

那是8月的一个晚上，我正在家里陪放暑假的女儿看综艺节目。

这时手机有提醒，我的分答上接到了一条私密的提问：老师，我担心自己就要死了，但是我舍不得我的孩子和家人，也舍不得离开我的工作。

我当时心里就"咯噔"了一下：

这是什么状况？人命关天！

我火速联系了她，并请她加我的微信单独沟通。

微信沟通后得知她叫COCO，患了乳腺癌……

我对COCO说："虽然我不是医生，治不了病，但是如果你在工作生活上有什么困惑，也许我可以帮你出出主意。"

COCO叹气："谢谢老师，我在化疗中，已经一个月没有回公司上班了，我现在躺在医院的病床上发语音……"

"没关系，你可以慢慢给我讲。"

通过聊天我得知，COCO曾就读于名牌大学金融专业，毕业后进了一家知名的会计事务所工作。

事务所很忙，周围人都在努力做底稿，都在积极参加CPA考试，都在热火朝天地参与各种复杂的项目。

COCO作为典型的处女座，当然也不能示弱。

生孩子后，她觉得自己变成了超人，白天工作时马力全开，努力跟项目，晚上回家后还要给孩子喂奶，平均每天只能睡5个小时。

既想当个好员工，又想当个好妈妈，还想当个好老婆、好儿媳……

孩子生病发烧了COCO也焦虑，客户催进度COCO也压力大……生生熬得像老了5岁。

今年公司接到了一个国企的审计项目，光COCO团队的10个人，就负责了三十多个子公司，每家子公司都要出报告，工作量巨大，数据海量。

客户新购进的一个巨大的子公司，不听指挥，每次提供的资料问题一大堆。

一般的项目3个月就可以结束，这个项目一直做了5个月大家还在加班……

熬完项目后，COCO觉得不舒服就去医院体检，结果查出患了乳腺癌。

COCO知道结果后号啕大哭："我这是犯了什么错？为什么老天这么不公平！"

医生安抚COCO："幸好还处于早期，你只要注意休息，保持情绪稳定、心情愉快，配合我们的手术和化疗，治愈率可以达到95%以上，思想负担不要太大了。"

"事务所的工作压力确实太大了，家里人说，等我病好了，就不要回去上班了，可是我已经待了8年，早就已经习惯了那种节奏的生活。"

我劝COCO："你觉得现在我们是先把病治好重要，还是先考虑去哪里工作更重要呢？"

"治病重要，哦，不，考虑以后的工作也重要……"COCO还放不下执念。

我心里有点急了，但是还是尽量保持淡定的语气劝说COCO："当然是把治病放在第一位啊，以后的路还长着呢，只要咱们身体好了，什么样的工作不好找啊？

"何况你的女儿还那么小，不管是为自己还是为女儿，都得先把病治好！"

## 找到自己的角色排序

我问COCO："在你心里什么是最重要的，女儿、老公、父母、事业，其他人？"

COCO说："女儿、父母、老公、事业、我觉得都很重要，一个都不能少啊。"

"不不不，不是让你做选择题，是让你做排序题。把这些重要的人和事情排个序。"

COCO沉默了五分钟，在手机里回复了一行字："女儿＞父母＞老公＞事业＞自己。"

"看起来，女儿、父母、老公，在你心目中，比事业还要重要对吗？"

"对的，家人对我的确很重要，我以前老加班，总觉得亏欠他们。"

"事务所经常加班，工作每天占用了十来个小时，陪家人的时间被挤压，你是怎么解决的呢？"

"我会尽量早起给家人做早餐，下班回家后再累我也会把家里收拾一遍，把女儿的玩具整理好，把孩子换下来的衣服都洗了……"

"那你自己每天还能睡几个小时？"

"差不多5个小时吧，我每天都是夜里12点以后睡觉，早上6点起床。"

"坚持了这么久，你之前觉得累吗？"

"身体累还是其次，关键是压力大，我们经常接外地项目，做外地项目一出差就是一周，星期五回来开会到晚上9点半，星期天早上又要去新项目，我一周只有半天陪家人的时间，好难过……"

"所以，原本更重要的家人，没有办法陪伴，让你心理负担变得很大，对吗？"

"是的，心理压力大于身体的压力，压力最大的时候会胃痛，而且越是没做好，越想拼命补偿。"COCO给我发来一个哭泣的表情。

## 避免"过度补偿"心理

我安慰COCO说："你先休息休息，等我给你画一个图啊。"

我拿出白纸，在上面画了4个圈。

我对COCO说："来一起看看这个图，像不像你的情况？

"从内层到外层，一共分为4个步骤。

"第一层（自我认知）：做事情追求完美和面面俱到。

"第二层（由认知产生的想法）：工作、家庭都不能忽略，必须兼顾。

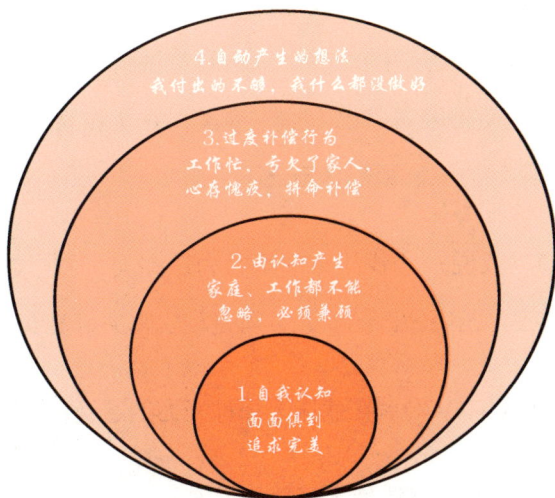

"第三层（过度补偿行为）：因为工作忙，亏欠了家人，心存愧疚，拼命努力补偿。

"第四层（自动产生的想法）：我付出的不够，我什么都没做好。"

COCO在电话那边停顿了一分钟，给我发来了一大串"……"

"怎么，不是这样的吗？"

"是太准了——"

"这很常见，在心理学上叫作**过度补偿**，也就是一个人在身体方面或心理方面的缺欠引起过度的补偿行为或'矫枉过正'，补偿过程可以是无意识的，也可以是有意进行的。COCO你自身并没有缺陷，而是因为自己太追求完美，在工作家庭平衡中用了'过度补偿'的方式，最后让自己不堪重负。"

COCO对我说："我什么都想努力做完美，做个好妻子、好妈妈、好员工、爸妈骄傲的女儿，可是现实真的好难啊！"

我能够想象COCO躺在病床上那种无力的感受。

那段时间我一直在微信上开导COCO：

"你要放松点，医生说可以治好就一定能治好，先把身体养好，工作的事情以后再考虑。

"不是所有事情我们都能控制，也不是所有事情都需要控制，不用那么追求完美。

"如果家里老人身体不错，孩子可以让他们多帮忙照顾一下，你就不要太牵挂。

"如果想要自己多照顾孩子，那工作上升的事情就先缓一缓，不要给自己那么大的压力，你这么优秀，未来总是有机会的。"

COCO一开始是纠结的，毕竟女强人做了太久，难以接受自己变成一个虚弱无力的病人。

在咬牙度过了一个疗程的痛苦化疗后，COCO想开了：

"我以前习惯了事务所里高强度的工作节奏，每天都像陀螺一样转啊转。

"有了孩子之后我又想天天围着孩子转。但是现在每天吃着大把大把的药，头发一缕一缕地掉，我只想先多陪陪家人，如果身体好了，我想换一份轻松一点儿的工作。"

现在COCO的情况一天天在好转，让我没那么揪心了，我经常用COCO的例子劝诫其他职场妈妈，不要太过操心，要自己注意健康。

而我自己，今年也因为颈椎问题复发到医院做了一个多星期的理疗，那一刻就提醒自己，健康第一，工作第二！

只有自己身体好了，我们才有可能全身心去做一个好妈妈、好员工、好女儿……

如果连自己的健康都失去了，自己和家人都照顾不好，工作的成就感又能从哪里来？

# 用时空望远镜看人生角色的不同阶段

## 人生角色堵车，谁也躲不过

秦晓伦2012年从北京一所211高校硕士毕业，留校在艺术类院系做辅导员和党务工作。

她在工作期间接触到艺术培训，这两年的假期跑了全国不少城市做市场考察，有意向离开高校从事艺术培训机构的管理和运营。

晓伦告诉我："最近，南方一个机构想聘请我去运营一所分校，他们的模式很成熟，一年前邀请过我，当时考虑孩子还小，岗位又在外地，就拒绝了。这次我很想试试看。但是作为一名31岁的女性，还想生个二胎。这一次我该离开高校，抓住机会吗？"

　　我对晓伦说："假设有一台时空望远镜，可以让我们看到我们的过去、现在和未来，也许每个人会活得更加通透，会少了很多的纠结和遗憾。"

　　如果把我们的一生拉长看，从毕业到退休，女性的一生大致会经历5个阶段：工作前、工作后、组建家庭后、做妈妈后、退休后。

　　每个阶段我们的角色都不同。

　　工作前：学生、女儿。

　　工作后：女儿、工作者。

　　组建家庭后：女儿、工作者、妻子。

　　做妈妈后：女儿、工作者、妻子、母亲。

　　退休后：妻子、母亲。

　　我们可以看到，角色最多的阶段，就是成家后和做妈妈后，尤其是做妈妈后的阶段——人的角色变多了，责任和义务就会变多，压力就变得很大。

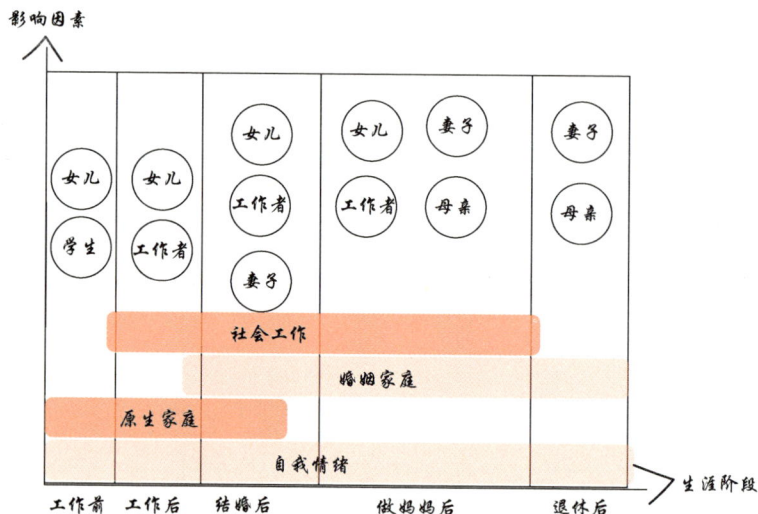

这时候上班要当好员工，在家要做贤妻良母，还要当好女儿，二胎政策出台后，可能你还希望生个二胎。

于是，养育幼儿、照顾老人、参加工作的多元角色之间产生的冲突令我们承受了极大的家庭和社会压力。

好员工、好妻子、好妈妈、好女儿、好领导——谁一下子演这么多角色都头大，我们也不是影后，面对这么多角色冲突的时候，大部分时间是手忙脚乱一地鸡毛。

这种"角色堵车"的阶段，是每个妈妈必经的阶段，每个角色都会让你觉得，如果不抓住这次的机会，就会永远错失这样的机会。

角色拥堵就像高速公路上堵车一样，道路会变得更加拥挤，让我们非常焦虑，这个时候，让重要的角色先行是最好的方式。

## 重要角色先行，唱好这出戏

我告诉晓伦，当我们迷茫纠结的时候，可以问自己几个问题：

哪些角色是缺了你不行的？

哪些角色是你现在不演，未来也有机会的？

哪些角色是你现在特别看重的？

请注意，不是按照别人认为你重要不重要来回答，而是你自己认为这个事情对你有多重要。

比如说职业，你如果认为自己很重要，部门同事也都觉得离开你就运转不下去。

但是真正的思考角度应该是——

我人生中间将职业发展放缓两年，当个好妈妈，还是在职业发展上冲一把，这两件事对我哪个更重要？

把角色按照"最重要、不太重要、次要"等方式排列出来。

让重要的角色先行。

除了一些特殊情况，母亲的角色是相对难以躲避的；

女儿和妻子的角色处理好了，会是对家庭的支持；

职场的角色，我们把时间拉长了来看，退休的年龄要到65岁，其实未来总是有机会的。

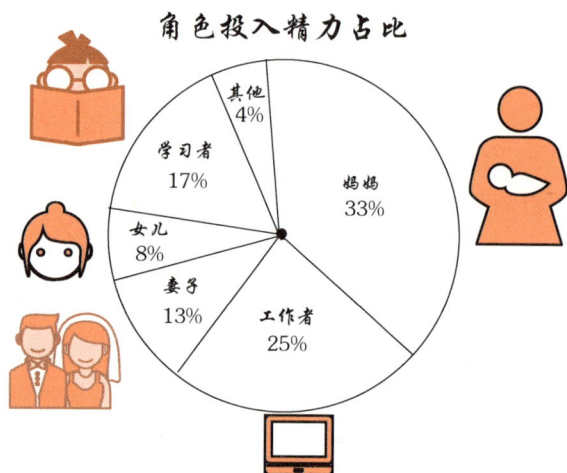

角色投入精力占比

其他 4%
学习者 17%
妈妈 33%
女儿 8%
妻子 13%
工作者 25%

从晓伦每天的时间精力投入来看，妈妈的角色占比还是最大的，毕竟孩子还不到两岁，需要妈妈的陪伴。

我对晓伦说："第二件事，先讨论家庭计划，再生娃。现在说一点儿也不晚，我建议你和你老公一起聊聊家庭发展计划，怎么照顾二胎，怎么看待你的发展计划，在未来的养育工作里，各自要承担什么责任？

"我看你一点儿都没谈到另一半的态度，也许你也没有这个共同计划的意识。"

晓伦说："第一个孩子基本都是我和父母在带，老公几乎没有插手，如果再生二胎，肯定会忙很多，我的确应该先跟老公商量清楚。"

"对的，照顾家庭、照顾孩子、照顾老人，是双方的责任，你们各自有什么期待？有什么准备？在生育计划之前，一定要有一个家庭发展计划。"

晓伦若有所思："这之前没考虑完善，所以只想到自己会更忙，很焦虑。"

我提醒晓伦："**只有在选择阶段做出共同的选择，才会在执行阶段共同执行**。这个你要懂得！

"晓伦，你当过妈妈，你应该知道，晚上照顾孩子只睡几个小时，白天运营个新学校是多么高难度的事。

"别说两全其美，估计两边都完成就很不容易。"

晓伦马上回话："那是相当大的挑战，即使是单身都要付出全部精力，更别说拖家带口了。"

"所以别急着下决定，你还是跟家人先沟通，达成一致吧。"

实际上，世上根本没有真正的两全其美。

最好的选择是**短期取舍，长期整合**。

我们的人生剧本很长，每一个阶段都可以选最精彩的主要角色来演绎，而不应该是同时演很多的配角，每天疲于转场应付。

你的角色演得更出彩，你的生活也会更熠熠生辉。

## 学会适度放手，做最好选择

我曾经工作过的Y公司，办公地点在高新区，我上班几乎南北穿城。

我每天早上6点起床，把家人的早餐准备好，6点半出门去坐公司的班车，在班车上补觉。

大概8点之前能到公司，我在公司和同事一起吃早餐。

公司每天正常是17:30下班，班车发车时间是17:45，我尽量选择中午不休息，多干活儿，争取下午能够准时下班赶上班车，这样的就可以在晚上7点之前到家。

如果遇到开会、加班，赶不上班车，可能回到家就已经晚上9点了。

那段时间确实很累，朋友见到我都说："你怎么黑眼圈这么重？"

所幸Y公司不需要经常出差，至少让我在周末的时候可以全身心陪伴孩子，给孩子做好吃的，带孩子出去玩。

平时每天只有1~3个小时的时间陪孩子，我会格外珍惜这段时间：回家后会给孩子读绘本，教孩子认字、唱歌，哄孩子睡觉，孩子睡觉之后我再收拾屋子、洗澡、洗衣服。

周末的时间和空间就是：孩子、孩子、孩子。

孩子从3岁左右开始，周末就需要上各种兴趣班：

如果是女孩子，舞蹈总要学学吧，锻炼形体；

乐器总要学一样吧，培养艺术气质；

还有少儿英语、科技模型什么的……

不指望孩子一定要出人头地，而是尽可能地提供条件去培养他们更多的兴趣。

所以什么闺蜜约会啊，老朋友聚会啊，统统都让到了一边。

一天里，8个小时工作，3个小时照顾家庭，2个小时在路上，3个小时陪孩子，2个小时用来吃饭，还能睡6个小时。

那个时候的我觉得自己无所不能，可以搞定一切。

因为老公经常出差，一去就是十天半个月，所以我上班的时候拼尽全力，回到家后凡事亲力亲为，照顾孩子，承担家务，从周一到周日连轴转，从来没打算给自己留一点儿喘息的时间。

这是我曾经的真实写照，也是很多还在困惑着、辛苦着的妈妈的真实写照。

公司年底冲业绩，我连续加班了半个月，几乎没时间吃晚饭，在这种高压下，我垮了，住进了医院。

从那以后，我明白了一个道理：妈妈不是超人，妈妈也要学会适度放手。

和老公商量后，我们说服父母，家里请了保姆，晚上下班回家我就可以专心陪孩子玩。

我还婉言拒绝了领导建议的"下基层锻炼"机会："孩子上幼儿园之前，我希望有更多的时间陪在她身边，没法接受每周只有周末才能回家。"

我失去了重要的提拔升迁机会，但是赢得了孩子启蒙期的陪伴教育时机，对于我来说，这就是更好的选择。

第三节

# 把握角色重心，做到知行合一

## 重心：做人和做事

简熙是我的朋友——一位在国企做高级管理的"女强人"，

她的女儿在重点中学寄宿，成绩优秀。

简熙有能力并且性格要强：

为了达成业绩目标，经常抓着下属们下班后加班开会，自己不吃晚饭，下属也经时常吃不上，后来很多人（包括她在内）得了肠胃炎；

事无巨细地管每一项业务，对客户资料细节比员工还了解；

发现一点儿小问题，经理或主管就会被抓到办公室教训一顿，下属每天战战兢兢，私下里都叫她"母夜叉"；

经常为了争一些管辖边界的客户资源和其他分公司老总理论，每次都必须争个输赢，别的分公司领导呢，因为她是女同志，也不好当面撕破脸。

简熙工作敬业吗？很敬业。能力强吗？很强。

大领导对她的能力也很认可，有心要将她提拔成总公司里的副总。

为了平衡各方面的利益，此次人事变动还是采用公开的竞聘方式。

结果，第一轮备选名单公示的时候，简熙在同级干部的内部投票通过率只有30%，大领导也非常尴尬，只能先作罢。

简熙在关注业绩、关注事情对错的时候，忽略了同级的感受、下属的感受，甚至自己内心的感受，最后目标也没达成。

竞聘失败后，简熙很沮丧："我做的事情都是为了公司的利益，也没想过自己的私利，但是好像同事们不接受我的方式，我该怎么办？"

我问简熙："如果做到了副总，你会很开心吗？"

"也许一开始会很开心、很有成就感吧，不过可能会更忙，更没时间陪女儿了，又会有新的问题。"

## 知行：跨过世界上最遥远的距离

中国有一个经典的理论：知行合一。

用"知"去指导"行"，然后在实践中不停地用"行"修正自己的"知"。

**你要明白你想做什么，为什么要做；**
**你要完全知道你做的，就是你想要的。**

我对简熙说："把你心中想要达到的目标排一个序，比如家人、公司、人际关系等。

**简熙在本子上写下来：对公司的贡献、对家人的照顾、对同事关系的兼顾。**

简熙捧着手里的咖啡杯，若有所思："我女儿经常抱怨，从学校回家后总是看不到我，见舅舅的时间都比见妈妈的时间多。"

我对简熙说："女儿也想妈妈啊，你尝试着每天把自己加班时间减少一个小时，多用半个小时和下属或者同级们沟通联络，再提前半个小时回家陪家人，周末尽量多抽半天陪女儿。

"不要过于盯着细节问题，允许下属犯一些无关紧要的小错误，只要他们能够及时检查改正下次不再重犯就好。试试看效果？"

简熙点头："我试试看，循序渐进地来，变化太大，怕手下人一时适应不了。"

"那是当然，你雷厉风行惯了，一下变成温情版领导，他们反而瞎猜，呵呵。"

三个月后，我问简熙："战况如何？"

"嗯，效果还不错，比我想象中要顺利。"

简熙修改了自己的工作生活时间表。

不再19:30以后揪着下属开会，而是下班让大家早点回家休息。三个月后，公司的业绩不但没有下降，反而第二季度还保持了良好的增长，但是下属们不再对着简熙战战兢兢、摆苦瓜脸了。

每周抽空和兄弟公司同僚们联络业务情况，互相走动了解对方的需求，有困难的时候施以援手，有冲突的时候协商解决，渐渐的边界客户资源也不再需要用"抢"，而是大家很默契地用规则划分。

简熙依然还是那个铁娘子，只不过少了几分强势，多了几分圆融。

到了年底，简熙果然提了副总，无论是业绩还是推荐票数，都占了压倒性优势。

## 目标：知道自己去往何方

**从职业发展的角度看，有目标的人的成功概率要比没有目标的人大得多。**

如果我们不知道方向，甚至连自己要去哪里也不知道，那么在人生中每一个岔路口就会变得非常的纠结矛盾。看起来向左向右都可以，但是因为不知道每条路的终点，我们内心就会迷茫和不安：

我这么走可以吗？我应该在这里转弯吗？这条路会通向哪里？

**而当我们确认了目的地，就会把注意力放到选择哪条路上。**

目标是意义，不是结局。

当目标被确认为一种意义的时候，会帮助我们规划旅途中的每一个中转站，打开一个又一个藏着宝贝的潘多拉盒子。

当目标被认为是一种结局的时候，我们会想到那就是终点和完结，我们只会感到无尽的困难和挑战。

哪些是我们在生活中真正想做的事情，按照马上行动、短期目标、长期目标分类。

**对于解决了生存需要的妈妈们，建议去追求对自我成长、人际关系和对社会有贡献的目标，而不是金钱、美貌、地位和声望。**

| 我的分类 | 白小白的职业规划 |
| --- | --- |
| 长期目标（5年以上） | 女性幸福生涯研究<br>女性学院拓展<br>女性周边服务 |
| 短期目标（1~3年） | 女性生涯课程<br>女性生涯咨询<br>女性社群 |
| 行动计划（2018） | 出书<br>产品体系完善<br>女性学院创立 |

因为这些目标实际上是让别人和外界决定你的价值。

即便你能达成这些目标，你所获得的快乐也都是过眼云烟，因为你最真切的需求没有被满足。

作为妈妈，当我们和自己的孩子相处的时候，会发现孩子们不在乎自己的妈妈是否有名，有人气，他们对钱也不感兴趣，他们在乎自己是否能从爸爸妈妈那里得到爱。

他们在乎学习，学爬学走，学把木块放到形状相符合的空格里，并希望自己能够成功。

他们还希望能做自己想做的事情，面对不喜欢的安排他们会不高兴，希望自己有自主权。

　　孩子对动机的直觉的是完全正确的，他们会选择能满足自己真实需求的目标，而不在乎其他，所以儿童总比成人更快乐。

## 支持：拥有自己的"幸福董事会"

　　我们总是面临两个选择，**被动地受外来因素影响，或者是主动地去创造属于我们自己的生活，你选择哪一个？**

　　为了更好地实现自己的目标，可以主动成立我们的"幸福董

事会"，成员是那些关心你和你的幸福，并且对你的幸福有着重要影响的人：老公、孩子、父母、重要的朋友、事业合伙人等。

让他们监督我们的计划，询问他们的感受，经常和他们讨论哪里可以改进。

除了成立自己的幸福董事会之外，我们也可以成为他人幸福董事会的成员。不但可以帮助自己，也可以帮助别人。

我离开和老公的公司之前告诉他："我很在乎你的感受，我今后的事业方向也希望听取你的意见。"

老公给予了我很大的理解："我知道你为我做了很大牺牲，只要是能让你觉得开心的事情，你放手去做就好了，老公全力支持。"

有了家人的支持，我们会更有动力去追求那些有意义又快乐的事情。

**追求知行合一、自我和谐目标的人，比别人更容易感受到幸福。**

第五章

O₅

# 做妈妈：
# 把"妈妈"当成
# 一份好职业

因为孩子，我们有了铠甲，变得坚韧勇敢；
因为孩子，我们有了软肋，变得牵肠挂肚。

——佚名

# 重新定义好妈妈

我家里是两兄妹，我有一个比我大两岁的哥哥。

我出生那年，计划生育政策已经很严，一旦"超生"，爸爸妈妈的工资和职级都要双双被降，还面临罚款。

"罚就罚呗！"妈妈很想要一个女儿，她觉得肚子里就是一个女儿，坚持要把我生下来。

我出生的时候难产，那时候小县城里医疗条件不好，当天只有一个医生值班，顾得了大人就顾不了孩子。

大冬天的，医生只急匆匆给我裹了床被单就赶紧去给妈妈缝合伤口。

结果，我因为挨冻得了新生儿肺炎，刚出生就在医院输了一个星期的液。

妈妈躺在床上动不了，又心焦，就一直盯着头顶上我的点滴，整整七天没好好合过眼。

现在妈妈年龄大了，眼睛特别不好，就是那个时候落下的病根。

但是妈妈说，她从来没有后悔把我生下来，她觉得我就是老天送给她的礼物，是她的贴心小棉袄。

我感恩自己有一个好妈妈，感谢她无怨无悔的爱和付出。

12年前，因为"意外"，我自己也有了女儿。

因为女儿，我无奈中断了自己的职业生涯，因为女儿，我跳槽三次。

可偏偏小家伙还不让人省心，出生后一点儿都不"天使"。

黑白颠倒，白天睡觉晚上玩耍。

白天的时候你使劲儿摇也不醒，睡得呼呼呼，饿了醒了吃完奶又继续呼呼睡。

一到半夜就两眼发光，炯炯有神。

用我妈妈的话形容："小东西的两只眼睛睁得跟铜铃

似的。"

晚上虽然不大声哭闹，但咿咿呀呀地跟你说话，我只能打着哈欠陪着哄着。

磨人的小家伙就这么一直吵满了100天。

后来想起来，所幸当时年轻熬得住，要是晚几年再生，肯定立马被熬得人老珠黄。

孩子不吵夜后，我终于可以睡个安稳觉了。

结果3个月后她又冒出"脐疝"，肚脐眼鼓出来有乒乓球那么大，看起来怪吓人的。

那个时候，医院还没有卖专门的脐疝带，我妈妈用中药粉加上医用纱布、铜钱，自己缝了脐疝带，每天给她包扎起来，腰上绑得像战士一样。

又这么提心吊胆地过了两个月，肚脐的鼓包才终于消下去。

一晃11年，女儿已经长成了小美女。

在学校一直做班长，很风趣很聪明，戏精天赋十级。

上一秒可以摆Pose扮淑女，下一秒就可以扮猪脸哈哈大笑，在电梯里对着摄像头打招呼做鬼脸，毫无"偶像"包袱。

我是天蝎座，大多时候是内敛的；女儿是白羊座，总是嘻嘻哈哈。

女儿说："妈咪，你要庆幸你生了白羊座的女儿，你看，高冷天蝎现在也可以一起幽默搞笑了。"

我说："好像是咧，我是不是应该感谢你啊？"

现在女儿已经跟我穿一样的鞋码，只比我矮小半个头，我们可以手挽手一起逛街，可以如闺蜜般谈心。

感叹时光飞逝，感恩当时自己的决定，

如今，你已长大，我还未老。

## 好妈妈有点懒

每次出国旅行的时候，会看到很多国外的孩子，不管大小，几乎是只要自己能拿稳汤匙就会自己吃饭。

吃得满脸满身都是，妈妈们也不管。

而我们常常发现身边有些孩子都四五岁了，家长还在喂饭。

经常在餐厅看到爷爷奶奶端着碗追着孩子喂饭。

学习上也是一样，妈妈们总觉得管得越多越好，事事操心、事事包办。

女儿上一年级的时候，我每天都要给她检查作业，每道题都要过目，一有空就陪着读英语，还要确认她有没有预习第二天的课程。

后来发现不行啊！

回家做作业越来越磨叽：一会儿要蹲马桶，一会儿要吃水果，一会儿要翻故事书看，花样百出。

每次被批评了，才乖乖回座位继续做作业。

才二年级，作业就能做到晚上8点钟，以后可咋整？

我发现家里环境可能"太舒服"了，导致孩子总分心。

于是干脆放学后将她直接送到托管班去，在托管班里面，小朋友们都互相比谁作业做得快，做得好。

从那以后我下班回家再也不检查作业，结果孩子反而能每天很早就完成作业，还有剩余时间读很多课外书。

现在她六年级了，每天在学校做完家庭作业，回家做辅导班的作业。

吃完饭散会儿步、运动一会儿，再看课外书。

洗漱完毕后还能在九点半左右上床，全都得益于好习惯的养成。

我对女儿说："学习是你自己的事，作业忘了做、考试考不好，老师批评的是你，不是我。"

她每天自己做作业，自己检查，自己整理书包。

再也不会丢三落四，学习成绩也完全不用操心。

遇到不懂的问题不是先问我，而是先自己查书上的资料或者上网搜，然后再跟我讨论。

上个暑期参加夏令营，女儿第一次离开家，住校十几天。

本来担心她会弄得一团糟，没想到去学校接她回家的那天，床铺已经全部清理完毕，行李箱收拾妥当，衣服洗得干干净净，叠得整整齐齐。

嗯，原来适当做个"懒妈妈"，还挺好的。

家长和孩子其实是互补的，当你做满了90分，那么孩子就只会有10分。

我们都做满了，孩子还有发挥的余地吗？

不用苛求孩子要多优秀，只要大方向是好的，是健康快乐的，我们就尽量放手让孩子去自己成长吧。

## 好妈妈学到老

去年，我关注了好几个亲子类公众号，经常从上面学习一些教育孩子的方法，觉得特别实用。

我有时候会感叹："做父母真的是要一边做一边学习，如果大学能够辅修一个妈妈/爸爸专业多好，很多人就不会那么措手不及了。"

晓琳笑我："你的想法很好，不过在大学里面教不太现实，现在学生大三就忙着实习、找工作、考研……生孩子对她们来说是遥远的事情，哪儿有工夫去学做爸妈啊？社会机构倒是有办亲子培训班，但是覆盖面太小，普及度也不够啊。"

"所以至少应该多出一些关于父母的书，最好让还没做父母的人都能看得到，提前学习，提前准备。"

晓琳赞同："这个确实很有意义，你就应该写一本。"

于是，就有了你现在看到的这本书。

即使已经给无数女性朋友做过职业规划，但是成书的过程，还是倒逼着我重新整理了一遍成捆的咨询案例、几百小时的录音资料，翻阅了市面上上百本职业规划和心理类书籍。

写书的过程就是自我成长和跃迁的过程。

每天女儿上学后和睡觉后的时间，就是我的写作时间。

女儿到处骄傲地跟小伙伴说"我妈妈在写书呢"！

每天出门前，也会亲亲我说："妈妈，加油！"

我想，活到老，学到老，这就是最好的身教言传。

## 好妈妈是戏精

有一次，我和女儿玩游戏，我们互换角色，女儿做"妈妈"，我做"女儿"。

我对女儿说："我们现在出门去超市买东西，从现在开始你是妈妈，我是女儿，你来安排晚上的晚餐。"

我们一起到了超市。

我问女儿："妈妈，我们晚上吃什么？"

女儿愣了10秒，然后回答："走，我们去买牛排，今晚我们煎牛排！"

我推着购物车跟在后面，看着女儿在前面很认真地看各个货柜：蔬菜、熟食、海鲜、牛肉、点心，仔细地挑选着……

"我要吃蔬菜沙拉。"

"好好好，我来挑。"

"我想吃冰激凌。"

"不可以，天气冷了，老师说了吃冰激凌会胃疼。"女儿义正词严地拒绝。

"我想喝紫菜蛋花汤。"

"呃，这个，我晚上试着煮一下。"

"哇，你看那个阿姨的发型好漂亮！"我让女儿看一位披着亮栗色长卷发，穿着红色大衣的漂亮女生。

"妈，你能不能不这么幼稚？"女儿转过脸无奈地摇摇头。

"不，现在你是妈妈，我是女儿，所以我可以幼稚。"

"……"

晚上，我吃着女儿煎的有点咬不动的牛排，喝着没加盐的紫菜蛋花汤，看着乱成一团的厨房灶台，心里却挺开心的。

女儿说："妈咪，我现在才觉得你平时照顾我好辛苦，我以后要多帮你做点事情。"

"你以后也会做妈妈，也要照顾自己的孩子，宝宝也很厉害啊，都会煎牛排了。"

纪伯伦说过，你的儿女，其实不是你的儿女，她们是生命对于自身渴望而诞生的孩子。

妈妈是一种身份，它包含两层含义：首先是自己，其次是孩子的妈妈。

妈妈也是一种关系，它代表着与孩子之间血缘与情感的联接。

这种关系建立在两个独立的人格之间，谁也不依附谁，谁也不是谁的全部。

只有当妈妈首先成为一个很好的"自己"，才能和孩子建立健康正向的纽带。

你无需做一个完美的妈妈，妈妈偶尔也会脆弱，也会犯错，只需要告诉孩子你愿意努力去改正就好。

你无需时时刻刻都情绪平和，如果冲孩子发了脾气，就给孩子道歉并解释原因，但不要求孩子原谅自己。

你无需变成全能女超人，要给自己一些空间和时间，养成好习惯，学习好方法，尽量少浪费时间。

最重要的是，一定要寻求帮助，并接受家人朋友的帮助。

没有完美的平衡事业与家庭的方式，平衡是相对和动态的，在不同的阶段把握自己认为最重要的，并且尽量让我们的天平不倾斜。

陪着孩子一起学习，一起哭，一起笑，一起长大。

第二节

# 不辞职也能做好妈妈

妈妈们做生涯咨询时的大多数的诉求都是怎么兼顾两全，比如：

休完产假重新找工作，一份离家远待遇好，一份离家近待遇一般，白老师您帮我选一份吧？

宝宝2岁，长远考虑我到底做一名理财规划师还是做一名运营管理者？

我家在杭州，公司在南京成立了子公司，有意让我去做负责人组建团队，可我又受不了天天看不到孩子，好矛盾，咋办？

可是一名叫豆蔻的妈妈却问："**我要不要辞职？**"

和豆蔻见面是在晚上，她从高新区下班后，我们约在城中心的一家咖啡厅。

咖啡厅很安静，我坐在角落里等着她。

一名穿银灰色连衣裙，剪着齐刘海的年轻女人进了咖啡厅，急匆匆地到了吧台找服务生问事情，然后再拿出手机东张西望发信息。

这时候我手机收到了一条消息：白老师，我到了，我穿的灰色裙子。

我向她招手，豆蔻走过来急忙道歉："不好意思啊，我纠结了好久到底把车停在门口还是在旁边的地下车库，我担心门口警察要抄牌，后来问了服务员说可以停车。"

我微笑说："放心吧，这个咖啡厅有专门的停车位，不会有问题的。"

豆蔻舒了一口气。

咨询沟通的时候我问豆蔻："我很好奇，你为什么纠结要不要辞职呢？"

她说："我在外企做产品运营，一直都是事业和家庭并行的人，有了宝宝后，婆婆在家带孩子，我依然上班，偶尔和朋友聚会、吃饭。

"最近和同事聊天，说起了孩子教育的问题，大家都说自家的婆婆如何没教育好自己的孩子，如何惯着，如何溺爱，担心自己的孩子长大出问题。

"我现在很犹豫，孩子马上3岁了，因为我婆婆对孩子比较溺爱，从对我老公的培养上就可以看到失败例子，老公工作上还比较努力，但是在家衣来伸手饭来张口的。我可不想我的孩子以后也这样。

"怎么办呢？我是不是应该自己一个人全都承担下来？

"在家里自己带孩子，自己教育孩子？到底应不应该辞掉工作呢？"

我继续问她："你其实是在担心孩子的教育问题，对吗？"

"是的，我就是很担心，特别是同事一说，我更焦虑了，我怕婆婆把孩子也宠坏了。"

从刚才豆蔻进门之前纠结车位的问题，看得出来她是一个**喜欢提前做打算的人，但是同时也容易纠结甚至焦虑。**

第一，因为自己丈夫是"失败案例"，担心自己婆婆未来"可能"也教育不好自己的孩子，这是对未知事情的担心焦虑。

第二，一边想要辞职带孩子，一边又舍不得现在的工作环境，不想天天待在家，这是让她纠结的问题。

我再问豆蔻："如果孩子的教育不是问题，你还想辞职回家吗？"

她马上回答说："如果孩子的教育问题能解决好，我当然想继续工作！"

## 高质量的陪伴＞每天24小时的保姆

像豆蔻这类不是真的想全职，只是想要解决孩子陪伴、教育的问题的妈妈，很普遍。她们希望：**照顾教育孩子和事业合理兼顾。**

我安抚豆蔻说："不管你是决定辞职还是不辞职，首先不要继续焦虑，这样你才能静下心来理智地做决定。"

豆蔻答应："好的，这会儿确实没那么焦虑了，事情可能没我想的那么严重。"

"好，我们先按照角色轻重缓急重新安排自己的时间。

"第一步，先确定什么样的育儿方式是正确、科学的。可以自己去学一下家长课堂，让老公、婆婆也一起去学。

"第二步，在教育孩子的方式上，和老公好好沟通，全家先达成共识。

"第三步，如果前两步努力了，失败了，你再考虑辞职回家，如何？"

"家长课堂？我倒是听其他妈妈说过，我回头向她们打听一下。"

"工作方面，对现在的工作状况满意还是不满意呢？"

"说实话，我对自己的工作挺满意的，熟悉又得心应手，待遇也不错，如果这么辞职还真不甘心。"

"所以，先尝试全家一起改变，也许你不用辞职回家。"

一个月后，豆蔻"软硬兼施"地带老公和婆婆一起去上了家长课堂。

豆蔻告诉我："一开始可没那么顺利，婆婆不愿意去，我骗她，去了宝宝就能参加萌宝大赛，能带着宝宝去免费拍照。"

我婆婆一听就开心了，一直说小区里的孩子就我家宝宝最好看，参加比赛肯定能得奖。

"搞定"了婆婆后，老公问题也好解决了。

"现在婆婆已经学会拿着课堂上学的东西要求老公了：'你试着帮孩子洗澡，可以培养感情，你让她站在浴缸里面扶着就好，不会滑倒的。'"

"哇，你婆婆也会用正面管教方法教育自己儿子了啊？"

"是啊，这个我也没想到，以前大包大揽也许只是因为她不懂得教育方法吧。"

"那老公情况怎么样呢？"

"虽然笨手笨脚的，不过他还是愿意努力，毕竟那是他的'小情人'啊！"

## 妈妈教育计划，先上马再迭代

"不错不错，那就先试行一段时间，再优化调整。

"比如看内部效果：全家是否能达成一致统一行动，如果做不到，问题在哪里，先解决内部矛盾。

"看自己外部支撑：工作发展计划是否有冲突，如果工作很忙经常加班，自己要及时做好调整，现阶段以不耽误自己育儿计划为先，工作平稳发展。"

"是的，现在没那么焦虑了，先试试看效果，等宝宝满了3岁，就可以去上幼儿启蒙班了，里面有很多的小朋友，可以一起玩耍。"

其实，并不是只有全职妈妈才能陪伴好孩子。

全职妈妈如果自己情绪不好，在家无精打采长吁短叹，也会影响孩子的教育。

**而工作的妈妈最重要的教育方式就是高质量的陪伴。**

我们在工作之余，在有限的时间里，高质量地快乐地陪伴孩子。从每天下班踏进家门的那一刻开始，和孩子的互动就开始了：

陪孩子共同进餐；

是小宝宝（两岁前）就给宝宝喂饭；

是大孩子就跟孩子聊聊天；

餐后一起散步，或抱着，或牵着；

给孩子洗澡、换衣服；

给孩子讲睡前故事、唱歌，直到孩子睡着；

周末带孩子去超市购物，一起回家准备晚餐；

去游乐场玩摩天轮，全家去撒个欢吃点好的；

一起画画，一起看动画片，一起做陶泥，一起玩手工；

偶尔出差的时候晚上电话或者视频聊天说晚安；

……

说到底，给予孩子的陪伴皆可发生在日常，都是那些看不见的分分秒秒。

陪伴孩子，缺的不是时间，而是心思。

而妈妈们只有自己内心是丰盛乐观的，才能把握好自己的生命节奏；

只有你自己成为了孩子的榜样，你才能潜移默化地影响你的孩子，给予孩子正向的引导。

即使没有每时每刻陪着他，他也在健康快乐地成长着，这就是最好的教育。

第三节
# "全职妈妈" 其实是份 "高薪工作"

## 全职妈妈其实很值钱

小艾是一个全职妈妈，每次和好友聊天，别人总是会时不时给她抛过来一句："羡慕你命好啊。不用上班，就是在家带个孩子、做个饭而已。不像我们这朝九晚五的，每天都得辛苦去打拼。"

每当这个时候，小艾只能苦笑一下："全职妈妈真的没有你想象的那么清闲，每天接送孩子、料理家务、洗衣做饭打扫卫生，丈夫的西服衬衣熨烫，物业水电气、全家的营养和健康、孩子的学习教育……全都要管。"

全职妈妈是世界上最伟大的工作之一，这个是没有任何疑问的。

小艾形容："嗯，全年无休，没有周末、带薪假，还没有病假。

"关键是婆婆还会觉得自己儿子在外面工作赚钱养一家人很辛苦，我在家里带孩子很轻松。婆婆说她们以前还带着孩子去厂里上班，更辛苦呢。

"可是时代不一样了，现在的公司不可能让我们带着孩子去上班啊。

"老公每天工作十个小时，我每天工作十六七个小时，从睁开眼睛就开始工作。"

我问："那你还想继续做全职妈妈吗？"

小艾说："现在虽然累，但是可以陪着孩子长大，这一点让我觉得特别幸福，等孩子大一点，上幼儿园了，我还是要重新找工作，哪怕只是一份兼职。"

今天在中国，全职妈妈尚且不是一个被社会认可的职业。

小艾吐槽说："做全职妈妈最大的尴尬是，填履历表时职业那一栏，得写：无业。"

无业的意思是没有职业，没有收入，需要依靠别人的救济生活。

听到小艾是全职妈妈，大多数人都会一脸羡慕："不用上班，多么轻松幸福。"

只有极少数人会对小艾说："两个孩子的全职妈妈，很累吧？"

这么问的人，一般都是前任或现任的全职妈妈。

"对的，实际上所做的工作量 = 住家保姆 + 育儿嫂 + 全职管家 + 陪练。"我自己也做了一年多全职妈妈，我特别理解小艾的心情。

不止一个职场妈妈对我说："我发现上班比之前在家里带孩子，要轻松许多。"

轻松的不仅仅是体力，最重要的是心情。

赚多赚少是能力问题，赚不赚是你的问题。

让你安心看娃的老公，羡慕你的闺蜜，嫉妒你的同事，更有原本就不满的公婆，每个人都有可能有心或者无意地表现出"你是靠人养着的主妇，能懂什么生活艰辛？"

| 职业 | 薪资水平<br>(普通到高级) |
|---|---|
| 住家保姆（洗衣/做饭/买菜/打扫） | 3000~7000元 |
| 育儿嫂（照顾孩子/陪伴教育） | 5000~10000元 |
| 全职管家（管家/理财） | 6000元以上 |
| 总计 | 15000~20000元以上 |

我帮小艾算了一下账："虽然没有在外面挣钱，但按照住家保姆+育儿嫂+全职管家的市场薪水，全职妈妈至少也应该值月薪2万元以上，妈妈全职在家，其实是在挣钱啊！"

## 全职妈妈要内外兼修

既然是职业，就总有人适合，有人不适合。

并不是每一个做了母亲的女人，都适合做全职妈妈。

现在适合做全职妈妈，也不代表适合做一辈子的全职妈妈。

陈姨是以前我家楼上的邻居，她是我心目中最佳全职妈妈的代表。

他们的女儿上初中的时候，陈叔叔辞职到北京开公司，留下陈姨带着女儿在成都，陈姨一边工作一边照顾女儿。

后来女儿考上大学到了北京，陈叔的公司也做大了，陈姨就辞了职，和全家一起搬到北京，做起了全职太太，无微不至地照料陈叔和女儿的生活。

她可不是简单的家庭主妇。

一开始她跟陈叔每天去公司，说是去帮忙打杂，然后就开始学习行业知识，搞清楚了整个公司的运作情况。

接着，带女儿一起出席陈叔所有能带家属的应酬活动，和各个商业伙伴的老婆都互相加了微信，经常一起聚会喝茶，还一起去旅游。

同时，和在北京的自己以前的朋友同学、旧同事联系，建立自己的社交关系网。

尽管已经在北京站稳脚跟，但陈姨几乎每个假期都带女儿回成都看爷爷奶奶，参加陈叔这边的家族聚会，亲戚朋友婚丧嫁娶必然回来参加，当然也少不了份子钱。

两年前，陈叔公司一个大客户遇到另外一个竞争对手，对手的实力不相上下。

和陈姨要好的一个太太正好是那个老板的妹妹，于是陈姨就请那位太太做了中间人，组了饭局。

饭局上陈姨应酬得体，陈叔专业睿智，夫妻俩双剑合璧，客户就给争取回来了！

陈姨除了在事业上是丈夫的好帮手外，在家族中也很得人心，婆婆去世后，家里的老房子办房产证写的都是陈姨的名字，陈叔名下一套房都没有。

陈姨这全职太太的段位可不是一般的，说是全职太太，更像是家族的当家人。

所以，应不应该选择做全职妈妈，关键取决于有没有能力让自己的人生不后悔！

## 你适合做全职妈妈吗

### Q1
是否有一个能理解你，懂得疼人的好老公。

好的老公会认可你的辛苦，愧疚你的牺牲，会分担家务，会把财政大权交给老婆，老婆其实是在"管家"。

而"坏老公"会认为你没有工作，理所应当洗衣做饭带孩子，说不定每个月掐着额度只给你够买菜的钱，想要买衣服？美容？做SPA？做梦吧。

### Q2
是否有明理的婆家。

好的婆婆也会理解你的不易，不参与小家庭纷争，说不定会搭把手帮你带孩子。不好的婆婆会认为"你靠我儿子养活，你就应该好好在家做苦力"。

### Q3
是否有足够的经济基础。

家庭经济基础好，不会因为其中一个人不上班，家庭整体的生活质量就下降，甚至算着生活费过日子；

自己的能力基础好，哪怕你现在暂时做全职妈妈，但是你也有能力养活自己和孩子，即便出现了一些意外的状况你也可以很好地解决或者为自己未来做选择，永远掌握主动权。

## Q4
### 是否有足够的能力和独立的人格。

不断提升自己，看得清现状和未来，知道当下是自己的选择，未来也有更宽的路可以走。

有自己的圈子、兴趣和爱好，不做黄脸婆，不做怨妇，始终保持智慧和美丽。

即便我们不出去工作，也要起码有一样兴趣和爱好，保持着一颗不断进取学习的心：

淘宝店主、公众号自媒体、运动私教、手工作坊、甜点定制……

学英语、学画画、学跳舞、学西餐、学插花、学设计……

做义卖、做慈善、做培训、做讲座、做分享……

千万不要说"等孩子大一点儿，等我空一点儿，等过了一段时间，我就开始……"

做好全职妈妈，不仅需要爱，更需要有效的领导和管理。

要管理的不仅仅是孩子，更是妈妈自己。

会爱家人之前先学会爱自己，对自己负责。

我们可以投入一个三年，全心全意。

我们可以投入第二个三年，无悔无怨。

可是我们不可以投入每一个三年，不计付出。

每个人都有自己的人生，每个人都有自己的价值。

全职妈妈也是一种定位，选不选择，都值得被尊重。

第六章

# 06

# 做妻子：
# 我们需要一位长期盟友

最牢靠的婚姻关系不是怦然心动、风花雪月，而是思想深处的价值观乃至外在条件的匹配，是相互帮助相互尊重相互欣赏，共同成长。

——佚名

第一节

# 你笑得这么美，你老公一定很爱你吧

### 结婚第五个情人节，她独自躺在医院

小欣的家乡在苏北的一个小县城，她从南京大学毕业后在一家地产公司做营销策划。

小欣和他的前夫S先生在朋友的聚会上相识，S对温柔美丽的小欣很快发动了猛烈攻势。

半年后，小欣因为工作出色被调到上海总部，S先生也追着她到了上海，小欣特别感动，就接纳了S先生。

婚后没多久小欣怀孕了，生完孩子，考虑到上海房价太贵，他们又回到了南京发展。

很自然地，S的父母就过来帮忙。

小欣很快在南京又找到了一个招商主管的工作。S没有出去工作。

当看到S和父母在一起的场景，小欣才知道什么叫作"妈宝男"。

之前和小欣在一起生活的时候，S吃了饭还会帮忙洗个碗；有父母在的时候，他却基本什么事情都不做，甚至给孩子冲奶粉都是S的父母一手包办。

小欣多次劝S："爸妈年龄大了，你现在还没有出去工作，应该帮忙分担些家务。"

每到此时S先生的妈妈就会跳出来说："男人应该要干大事的，这些小事情，不用他做。"

最后大家不欢而散。

而S先生回了南京之后口口声声说"从上海回来才拿几千块的工资，多丢人，别的朋友怎么看我？"

S在家里闷着要琢磨干大事，先是要申请专利，后是要研究项目，这一研究就是3年。

如果是在专心地做研究也就算了，但是S先生在家里，8个小时都在打游戏，剩下6个小时在看碟。

小欣觉得他这样待下去不是办法，劝他先出去找个事情做，起码和外面多接触接触。

每次一说就会被S的妈妈反驳："男人要干大事，你不要那么小肚鸡肠地要求他，要给他时间。"

小欣没有办法，只能先承担起了养家糊口的工作。

房产招商的底薪不算高，为了能够有更多的奖金提成，她每天早出晚归到新项目去上班，晚上下班回家还要照顾孩子，带着孩子睡觉。

周末更是包揽了所有家务，就是为了让S的父母休息一下。

孩子的奶粉、尿布钱，家里的所有日常开销都是小欣支付。

还要给S先生的爸妈每个月3000元作为带孩子的费用。

整整3年的时间，小欣没有给自己买过一件新的衣服，也没有买过一件像样的化妆品。

小欣过生日的那天是周末，她从早上忙到晚上：买菜、做饭、洗衣服、打扫卫生、给孩子读绘本、给孩子洗澡、哄孩子睡觉，一直忙到晚上11点，累得腰酸背痛，老公不仅没有搭一把手，甚至连一声"生日快乐"也没有说过。

"他就一直在那里打游戏，我的生日，早就忘了……"

终于，小欣在一个大项目连续加班接近一个月，每天晚饭用方便面对付之后，突发急性阑尾炎，进了医院。

当时，正是周末，也是情人节的前一天。

周六小欣又起个大早，去市场上把一天的菜买回家，本来准备照例给孩子做好吃的。

结果因为腹痛难忍，走到半路就大汗淋漓，强撑着把菜拿回家。

她对S先生说："我肚子疼，想到医院去看一看。"

S先生只"哦"了一声就转过头去继续打游戏。

小欣在关上房门的那一刻看到的却是S母亲那质疑刻薄的脸，仿佛还在指责她：周末还不好好待在家里带孩子？

小欣一个人到了医院，饿着肚子做完了检查。

医生告诉她："你这是急性阑尾炎，已经有穿孔的迹象，是不是疼痛已经持续了一段时间了？为了避免腹水带来生命危险，今晚必须马上做手术。"

小欣不得已给自己父母打了电话，母亲非常焦急，连夜从老家赶到了南京。

小欣的母亲凌晨到南京的时候，小欣做完手术还躺在医院的观察室里。

S先生说："爸妈你们来啦？那我就回去睡觉了。"

情人节当天，小欣是在医院的病床上忍着麻药过后的疼痛度过的，没有鲜花礼物，只有冰冷的病床和吊针。

在医院的整整7天，都是小欣的爸妈在日夜照顾。

而S先生，只是偶尔"抽空"到医院看一眼，看到小欣妈妈在忙，似乎自己也插不上手，就回去了。

S先生的父母，整整一周，就没有在病房中出现过。

躺在病床上的小欣，心像掉入了冰窟，彻底绝望了。

妈妈对小欣说："我知道你很辛苦，以前我们想过来帮忙，但是他妈妈那种脾气，又怕你夹在中间左右为难。

"看在孩子的分上，希望你们过得好就行。

"如果你过得不幸福，你做什么决定，爸妈都会支持你……"

"妈……"小欣忍不住流下了眼泪。

## 因为爱自己，所以我才等到你

一位姐姐对小欣说："女人一辈子，应该先为自己活着，而不该只为了孩子活着，更不应该为了别人活着。"

如果曾经有爱，也早就磨尽，剩下的也许只是责任了。

身体恢复后，小欣向S提出了离婚，房子车子都不要，只要了孩子。

离婚后，父母从老家过来帮小欣。

小欣和自己的父母住在一起，也依然努力地上班挣钱。

但是每天下班回家都有热的饭菜，也有人关心冷暖，小欣觉得很幸福。

后来小欣在同学会上遇到了M君。

M是小欣的高中同学，曾经暗恋小欣。

M君也经历了一次失败的婚姻，知道小欣离婚后果断地追求小欣。

小欣一开始是很担心的，毕竟自己有孩子，怕M会对孩子不好。

但是M是一个很耐心也很暖心的男人，会给小欣的孩子买礼物，陪着孩子玩很久，甚至比小欣自己对孩子还有耐心。

M还会在小欣下雨没有带伞的时候驱车10公里去接她下班。

M对小欣说："你是一个好女人，值得被爱和呵护。"

这是S先生从来没有对她说过的话。

她所有的辛苦和对家庭的付出，S先生都觉得理所当然。

而M君会在小欣为他煮一碗面的时候就感动万分。

跟M君在一起，小欣终于明白了什么叫作有一个人把你视若珍宝。

M君带着她和孩子一起去挑选了一颗一克拉的优级裸钻。

戒托是订做的，上面刻着"M❤X"（M爱欣）。

卖钻戒的女孩羡慕地说："先生对太太真好！"

M君说："虽然我现在还没什么钱，但是我也要给你最好的，钱以后我们还可以慢慢挣。"

M君记得每一个特殊的日子，情人节、她的生日，她女儿的生日、结婚纪念日，还有春节和妇女节。

再婚三年她依然美丽，气色也越来越好。

两个人各自做着自己喜欢的工作，互相支持。

每次和朋友聚会，大家都说："小欣，你现在越来越美啦！"

生命很短，日子很长，

如果你很努力了还觉得生活过得很辛苦，那一定是因为人不对。

## 1+1＞2，才是好婚姻

**职场妈妈要想在职场上更成功，离不开另一半的支持。**

我的表姐是某局的局长。

开会多，应酬多，出差也多。

表姐夫是一名小学数学老师，他性格特别好，是个心灵手巧的暖男。

他会做木头小板凳，会编藤条小花篮，会修电脑，还做得一手好菜。

表姐夫每天早上起床后，会做好包子馒头花卷清粥小菜，再叫醒睡梦中的妻子和女儿。

孩子放学了由表姐夫接回家，他负责做饭和辅导孩子的作业。

表姐如果回家早，全家一起其乐融融地吃饭、收拾。

如果表姐因为开会回家晚，表姐夫就先照顾孩子洗漱、上床睡觉。

记得一次我在表姐家里玩，第二天早上表姐要出差，表姐夫吃了饭以后帮她收拾行李。

箱子里码得整整齐齐：内外衣服分门别类，洗漱用品单独包装，备用锂电池专门用防水封口袋封起来。

表姐夫一边像码俄罗斯方块似的一层一层放，一边还不忘耐心叮嘱："备用的电池放在封口袋子里不要拿出来，免得不小心被水打湿了或者受潮了啊。"

表姐在旁边敲着电脑，傻笑说："嗯嗯嗯，我知道啦！"

那个画面温馨又甜蜜，幸福得不要不要的。

我妈妈也说我表姐："你这辈子幸福，事业有成，还嫁了个好男人。"

表姐对妈妈说："是啊，囡囡（我侄女）断奶后，晚上基本上都是他在带，我没有再熬过一次夜……"

因为有表姐夫的支持和贴心照料，表姐才能安心发挥聪明才智，从科员一直做到了局长位置。

可是，并没有因为表姐职位高，表姐夫在家就没地位了。

在学校里，表姐夫是高级教师，是校长的得力助手，人缘极佳；

在家里，所有亲戚都夸赞表姐夫人品好又全能。

**如果幸福的家庭组合非要有一个标准，那应该就是表姐和表姐夫这样的，1+1＞2。**

第二节

# 亲爱的，余生请多关照

中国人很喜欢说一个祝福词，叫"佳偶天成"。其实，世上并没有100%配对完美的夫妻，也没有100%顺遂的婚姻。

在这条"长征路"上，既然我们选定了对方作为自己的盟友，就是同袍共枕的缘分，也负有相互倾听、相互理解、相互让步的责任。

## 这辈子遇到爱不稀奇，稀奇的是遇到理解

木槿是北京一家广告传媒公司的销售主管，她的困惑是如何从离家远的公司平稳跳槽到另一个离家近的公司。

在第一次的咨询中，我们梳理了现状和问题：

现在的公司各方面待遇都不错，就是离家太远，每天上下班在路上需要花3个多小时。

婆婆对孩子的教育方式一直有问题，换一个离家近的工作，

方便早点儿回家自己管孩子。

第一次咨询，明确了诉求后，我先帮她分析了自己的个人优势，确定了跳槽的大致方向，让她先做一些目标公司的职位调查。

和木槿的第二次咨询原本约在第二个周三的早上10点，可周二下午助理急匆匆地跟我说："木槿女士想把咨询改在今天（周二）晚上8点，可是白老师你今天有线上分享啊！"

我跟助理说："是的，咨询至少要提前一天确定时间，我今晚实在抽不开时间，如果她很着急，时间可以提前到周三早上的9点。"

第二天早上的沟通，我从她的语气中明显感觉到她情绪很低落。

我问木槿："你昨天下午着急改咨询时间，是遇到什么突发的事情了吗？"

木槿唉声叹气："白老师，我最近好难过，婆婆上周心脏出问题，准备做支架手术；这周一幼儿园的老师反映我儿子叛逆情绪很严重，还打小朋友；昨晚我和老公吵架了，我说都是她妈妈害的，好像伤到他了。

"今天早上老公把我送到地铁口后很冷淡地说都是他们的错，他准备先把他妈妈带到办公室去住……家里出这些事儿，我是不是应该先辞职？"

听起来真的很棘手。

事情的缘由是这样的：木槿老公是单亲家庭，从中学开始和妈妈相依为命。

木槿的儿子上幼儿园之前是木槿的妈妈在老家照顾，上幼儿园之后接回了北京，夫妻俩工作都很忙，由婆婆帮忙接送和照顾。

婆婆带孩子两个极端：宠孩子的时候心肝宝贝儿地叫，孩子不听话的时候就打和掐。孩子从幼儿园接回家就被关在屋子里，不让孩子出去玩，理由是外面不安全。

医生检查说婆婆可能有轻度的精神问题。

昨晚，木槿儿子在家一直哭闹和踢人，老公在房间里完全哄不住。

木槿崩溃了，开始大哭指责老公和婆婆："都是你们害的！"

老公看到儿子的状况也意识到了问题的严重性，对木槿的指责不发一词。

说到这里的时候，木槿已经开始抽泣。

我先安慰木槿："我知道你现在心里不好受，家里的事情听起来确实很麻烦，你需要现在马上回家照顾吗？"

木槿说："今天我妈妈过来了，暂时不需要。我妈很会教育孩子，我儿子从小跟外婆也亲，我妈可以帮我们一段时间。

"只是老公的工作室还在发展阶段，我如果现在裸辞，家里经济压力太大，但若实在没办法，我只能先辞职照顾家里。"

我问木槿："你好像很在意老公的情绪，他今天看起来怎么样？"

木槿说："我昨晚和他吵架时他一句都没有反驳，今天早上特别冷淡地跟我说，他会想办法处理好他妈妈的问题，但是明显状态很不对。"

从木槿的角度：换工作的压力、孩子教育的压力，婆婆造成的额外烦恼；

从老公的角度：家庭经济的压力，妻子的抱怨、孩子的教育，相依为命的母亲的疾病和精神问题。

两面煎熬，哪一方都不好过。

## 吵架很容易，难的是解决问题

我对木槿说："现在是你们家庭的一个重要转折点，你要和老公一起并肩作战了，指责和抱怨也解决不了问题。

"和老公做搭档，先共同解决家庭当下的问题，再从长计议。"

"我也知道我老公不容易，他其实平时很讲道理，对我也很好，但是他又是一个很孝顺的人，也舍不得把自己妈妈一个人抛下吧？"

"是啊，你婆婆精神状态有点儿问题，现在又犯了心脏病，于情于理，你和老公肯定都不能抛下不管啊。

"你愿意和老公一起努力度过危机吗？"

"我当然愿意啊，如果能解决好问题，我也愿意付出和牺牲。"

"好，那我们就来一起想办法解决吧！"

## 如果可以撤回指责，90%的问题可以解决

**那个爱着你的老公，值得你用心对话。**

木槿很期待我的答案，她知道老公压力也很大。

"现在最需要的是和老公静下心来沟通，互相吐露自己的内心压力和顾虑，不要再指责和抱怨，而是互相理解协助，去解决家庭的难题。"

房贷和生活费只靠老公工资是不够的，木槿也需要继续工作；

晚上一个人做家务的时候，就需要另一个人来照看孩子；

木槿如果上班走不开，就需要老公抽空去给孩子开家长会；

和其他家庭成员间的冲突，需要另一半做润滑剂化解；

**获得丈夫的支持，对任何想获得工作家庭双赢的妈妈来说都非常重要，情感方面的支持甚至大于经济上的支持；**

有了另一半的支持，我不再是一个人在战斗，我们为了共同目标努力着，互相尊重、不再抱怨，充满了温暖。

# 怎样说老公才会听

我对木槿说："我们一起来看看，家庭沟通四步法。"

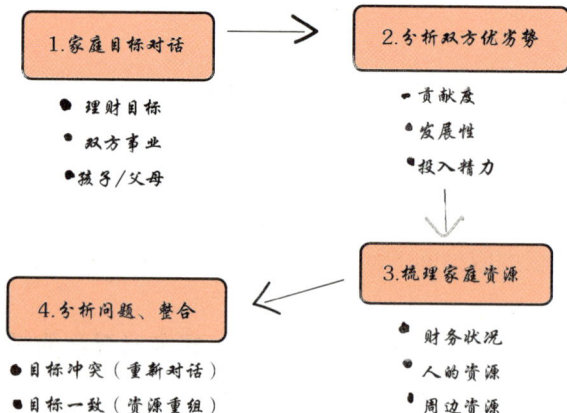

家庭沟通四步法

## 第一步，家庭目标对话，达成一致

我问木槿："家庭眼下最首要和困难的问题是什么？"

木槿回答："眼前的最关键的是妥善安排婆婆的心脏手术，还有儿子上幼儿园的接送和照顾问题。"

"那近期还需要考虑的问题是什么呢？"

木槿想了想："解决孩子的教育问题，还有解决我的新工作。"

"还有吗？"

"还有我老公的工作室如何发展的问题，他也希望他挣得更多些，让我可以轻松一些。"

"嗯，那有家庭长期目标吗？"

"长期的目标，看看婆婆以后如何安排，是不是还要住一起；孩子上学的事情，嗯，暂时还没讨论得那么细致……"

"嗯，那第一步，你可以和老公先讨论一下眼前、近期、长期的家庭重要目标，争取达成一致。

"你们家庭的理财目标是什么？各自职业计划是什么？

"给孩子提供什么样的教育环境？今后如何安排年迈的父母？

"需要为今后的生活做什么样的储备计划？如何分工？"

| 阶段 | 问题 | 解决办法 |
|---|---|---|
| 眼前 | 1.<br>2. | 1.<br>2. |
| 近期 | 1.<br>2. | 1.<br>2. |
| 长期 | 1.<br>2. | 1.<br>2. |

"关键点是眼前和近期的目标，一定要商量后达成一致；而长远的目标，则可以慢慢考虑。"

## 第二步，理性分析双方优劣势

"接着，我们来分析目前你们各自工作的收益情况，还有家庭的开支要求你可以讲一下，如果不方便，用大概比例说明就行，比如说老公挣8块，你挣6块。你们每个月需要开销15块……"

木槿大方地说："这没什么不能讲的，我老公的工作室刚刚起步，每个月收入大概1.5万元，我的税后收入每个月1万多元。目前家庭固定支出每月大概需要2万元：房贷、车贷、孩子幼儿园费用、生活费等，所以我是暂时不能辞职的。

"如果老公的工作室业务拓展顺利，月收入稳定达到3万元以上，我就可以考虑先暂缓自己的事业，找一个离家近又轻松的工作，哪怕是兼职，收入少一点儿也没关系，方便照顾孩子。"

"如果老公的收入暂时涨幅不大呢？"

"那我就先继续自己的工作，即使换工作，也不能降薪，就需要老公多花点时间，每天早点儿去接孩子了。"

## 第三步，梳理家庭和外部的资源状况

"好，分析完各自的优劣势后，看看第三步，有什么资源可以利用。你们需要打开思路。资源可以是人、财、物，也可以是周边的情况。比如，你妈妈现在过来帮忙，这就是资源。"

"嗯，我妈妈肯定需要在北京帮忙一段时间，协助解决孩子的接送和教育问题，这样我们的工作暂时不会受影响。"

"还有什么其他资源可以用吗？"

"除了在网上投简历，我还找朋友帮忙介绍了离家近的媒体和广告公司职位，多试试看。

"还有很重要的一点，尽快找一个靠谱的护工，婆婆下周要做手术了。"

"对的，慢慢来想，回家和老公再一起想，办法总比问题多的。"

### 第四步，根据要决策的问题做分析，看看如何重新整合资源

"接下来就是第四步了——你们要做决策，关键点是夫妻俩同心协力，有问题一起想办法，家庭和工作的整体目标一致。你觉得这个做得到吗？"

"嗯，只要大家心平气和地商量，还是可以解决的，我昨晚情绪失控大哭大闹，根本就没考虑过老公的感受。"

"是啊，你们要一起沟通，夫妻俩的时间、精力、收入，都要统一整合安排，比如后续婆婆的安排，孩子的教育方式，都需要和老公达成一致。如果中间有冲突，回到第一条，重新探讨家庭共同目标。"

木槿感激地说："嗯，太感谢白老师了！我昨晚觉得天都要塌下来了，现在好很多了，今晚回去就跟老公好好商量。"

"嗯，记得沟通之前先调整好自己的情绪，尽量在大家都比较舒缓放松的环境里来商量。"

之后，木槿用这个家庭沟通流程和老公一起进行了梳理，不再带着情绪和指责，而是共同解决问题，两个人之间的关系缓和了很多。

面临的问题虽然有些棘手，但是接下来两个人携手去解决，是互助，而不是消耗。

一个月之后，我们的咨询结束，木槿也找到了一份新的工作，公司前景不错，薪水略有上浮，离家距离比原来近了一半，木槿已经觉得非常满足。

"虽然婆婆的问题还需要很长时间才能解决，但是和老公不互相抱怨，能一起去想办法就很好了。"

# 第三篇：
## 自由地整合……
### 构建幸福生活

## 第七章

O7

# 幸福是一种
## 可以习得的能力

有关幸福的一个公式是，幸福=当下快乐+未来价值。既不能只
顾及时行乐，也不能为了未来目标而对自己过于严苛。

——杨澜

# 我们重新认识了幸福

我微信里有一群25岁到35岁的叽叽喳喳可爱的女人。

有一天我问群里的小伙伴："你们觉得什么是幸福？用大白话说说，别文绉绉的。"

小伙伴们七嘴八舌：

"冬天不受冻，夏天不受热。"

"想干嘛就干嘛。"

"不管在外面受多大委屈，回到家家人都在。"

"想吃什么吃什么，想玩什么玩什么。"

"家人健康，热爱生活，内心坚定。"

"幸福就是你爱的人都在你身边，一起沐浴阳光，感受快乐和悲伤，互相感受爱。"

"家人爱我，工作不错，有钱花。"

"知道自己想要的，得到自己想要的，有值得陪伴的人，也有独立活下去的勇气和能力。"

"幸福就是用更少的时间挣更多的钱，能够带娃到处玩。"

"幸福就是过自己想要的生活，不被迫妥协。"

"幸福就是不问自己到底幸不幸福。"

……

看起来好像差别很大，但是可以归纳为下面这条简单的规则：

### 我得到的 ≈ 我想要的

如果我们一味地增加自己的欲望，我们获得的永远赶不上我们想要的，就很难感到幸福。

如果我们用"断舍离"来管理自己的欲望，舍弃一些妄念，只聚焦在自己真正想要的事物上，就更容易获得幸福感。

## 幸福是可以计划的

于是我重新做了一个幸福计划表，以三个月为期，不同于以往的密密麻麻的工作计划表，这次很简单。

| 最在乎的三个（类）人（生活幸福感） | 最想要的三样东西（工作价值观） | 最应该完成的三件事（策略方法） | 需要达成三个目标（目标） | 时间分配原则（合理均衡） |
|---|---|---|---|---|
| | | | | |

### 方法：

只关注自己最在乎的三个（类）人；

只关注自己觉得最有价值的三种东西；

只列出三个最重要的目标；

找到三个帮助目标达成最关键的策略方法；

将24小时根据你在乎的人和事的比例做分配；

每天关注完成三件最重要的事情并备注。

| 每天三件事(工作日) | | | | |
|---|---|---|---|---|
| 第一件事 | 第二件事 | 第三件事 | 三件事是否完成 | 时间分配是否合理 |
| | | | | |

只需要一个表格，每个星期复盘一次。

**原则：**

对目标没有帮助的计划先舍弃，对在乎的人和事有冲突的也舍弃；
权衡的时候不容易，但是考虑好后变得很简单。

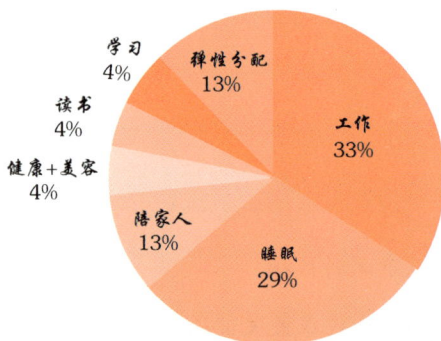

**我每天的24小时分配**

调整完毕后，我的心情大为舒畅，感觉自己的生活简单明了尽在掌握中。

之前一段时间关注太多无关紧要的人和事情，让自己焦虑真的是太不划算了。

光忙有什么用？先问问自己做的事情是不是快乐和意义的。

如果忙完一年觉得亏欠家人亏待自己，一切白搭。

方法可以通用，每个人根据自己的关注点将目标和时间比例调整就好。

一切从幸福出发，每天完成最重要的三件事，少则得，多则惑。

我记录每天三件事已经持续了367天。

**我的2017，我得到的≈我想要的，幸福+感恩。**

## 幸福是粤菜+川菜

泰勒·本·沙哈尔是哈佛大学最受欢迎的幸福课讲师。他的幸福的方法理论受到全世界的好评。

我们想要知道幸福是什么，要先思考什么不是幸福。

泰勒曾经告诉了大家四种汉堡模式的人生，汉堡不是中国人喜欢的食物，我把它们做了中国式调整。

**忙碌奔波型：为了未来而活，无法享受当下。**

就像吃白水蔬菜，没有肉的美味，但是健康。但是如果每天重复着白水蔬菜的生活，那无异于苦行僧。

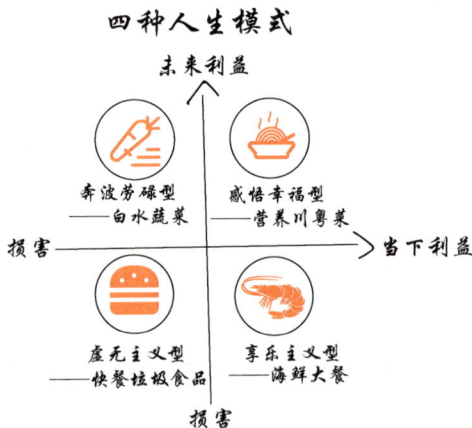

就四种人生模式

除了那些减肥的女孩子能够每天坚持吃白水蔬菜，我相信大多数人，想着美味佳肴、火锅都会流口水。

**享乐主义型：为了现在而活，只会及时行乐。**

"大口吃肉、大口喝酒，清空、扫光"是很多"吃货"的宗旨。

顿顿吃海鲜大餐，吃高热量的甜品，口感虽好，对身体却有害。高蛋白、高嘌呤的食物吃多了，机体来不及代谢，痛风就随之而来，肥胖也随之而来。

这就是只顾现在享乐，不管将来健康。

**虚无主义型：为了过去而活，认为人生无意义。**

这是好多迷茫的人的生活状态，每天得过且过，没有计划也没有希望。就像天天吃方便面，垃圾食品，日子只是在对付着过，既不好吃也不健康，人生毫无意义。

真正幸福的模式是什么？

**感悟幸福型：既好吃又健康的美味模式。**

粤菜，注重质和味，口味比较清淡，力求清中求鲜、淡中求美，而且随季节时令的变化而变化，夏秋偏重清淡，冬春偏重浓郁，追求色、香、味、形。食味讲究清、鲜、嫩、爽、滑、香；调味遍及酸、甜、苦、辣、咸；此即所谓五滋六味。

川菜，讲究色、香、味、形，在"味"字上下功夫，以味的多、广、厚著称。川菜口味的组成，主要有"麻、辣、咸、甜、酸、苦、香"7种，巧妙搭配，灵活多变，创制出麻辣、酸辣、红油、白油等几十种各具特色的复合味，味别之多，调制之妙，堪称中外菜肴之首，从而赢得了"一菜一格，百菜百味"的称誉，风靡全球。

川菜+粤菜的组合，美味健康，多种滋味，百吃不厌。

我记得有一次请一位外地朋友吃饭，他面对一桌的美味大快朵颐，一边吃一边好奇地问我："你们成都这么多好吃的，为什么个个还这么瘦呢？"

我笑了笑，回答说："也许是因为天天都可以吃到好吃的，反而不容易暴饮暴食吧，每次也不会吃得太多……"

朋友羡慕地连连点头。

所以，我们为什么不能一边品尝着美味营养的佳肴，一边控制体重呢?

**妈妈们真正的幸福应该是快乐和意义的结合，既为一个有意义的目标而努力奋斗，同时也享受这个过程中的点点滴滴，享受和家人、孩子、朋友在一起的快乐时光。**

## 关于幸福生活的练习

关潇潇在4月生了一个漂亮的男宝宝，7月休完产假回到公司，每天都觉得时间不够用。

潇潇每天的日程是这样安排的：

8～9小时给了工作，早上9点到下午6点；

3小时给了家务（下班后主动包揽做饭洗衣收拾屋子等家务）

3小时照顾陪孩子（早上1小时，晚上2小时）；

2小时给了交通，1小时自己吃饭洗漱做杂事，还剩下6～7小时可以睡觉；

如果再赶上公司加班回到家就是晚上8点多，睡觉时间只能是12点以后。

每天忙到虚脱。

没有了健身、美容、逛街、读书、听音乐的时间，连工作都提不起精神来，更不要说思考自己的人生。

有一天领导关心地说："潇潇，你最近工作状态不好啊，你看你脸上也干得掉皮了，以前你可在乎你的这张脸了，是不是当了妈妈后太辛苦了？"

关潇潇照镜子，看到镜子中的自己脸色暗黄，眼角已经出现了细细的鱼尾纹，才猛然想起来，自己已经3个月没有敷过面膜了，健身房的年卡也快要过期了。

关潇潇对我说："不能再这么下去了，再这样我真的要抑郁了。"

我对关潇潇说："别急，我们一起来做一个幸福练习吧！"

"幸福练习？好期待，真的能让我更快乐吗？"

"其实并不难，试试你就知道啦！先把过去两周内，每天做的事情回忆并罗列出来，画一个图表，写上每周所做的事情，它们所带来的意义和快乐，以及花的时间。"

练习的标准是下面这样的。

（1）关于评分：从1～10分，10分为最高；

（2）所用时间注明：如果希望用更多时间，标注"＋"，需要减少时间标注"－"，需要保持用"＝"；

（3）如果有特别想要做的事情，请加上去。

图表示例如下。

| 做的事情 | 意义 | 快乐 | 时间/周 | 调整 | 调整后/周 |
|---|---|---|---|---|---|
| 公司会议 | 9 | 6 | 6小时 | ＝ | 6小时 |
| 工作 | 8 | 6 | 40小时 | ＝ | 40小时 |
| 家务活 | 6 | 4 | 10小时 | － | 3.5小时 |
| 陪孩子 | 9 | 8 | 20小时 | ＝ | 20小时 |
| 健身 | 8 | 6 | 1小时 | ＋ | 3小时 |
| 读书 | 8 | 7 | 1小时 | ＋ | 4小时 |
| 美容 | 8 | 7 | 0小时 | ＋ | 3小时 |
| …… | | | | | |

"潇潇你看，我们看一下哪些是有意义又很快乐的事情，我们需要在上面投入更多的时间，暂时无法改变的事情保持不变，意义不大或快乐程度低的事情可以适当减少时间的投入。"

潇潇说："我从来都没有思考过，做事情要有意义和快乐，太惊喜了！

"工作时间会议时间，不由自己安排，暂时无法改变，先保持吧；

"家务活常规琐碎，占用了大量的业余时间，之前是想尽责任让爸妈少受累，其实完全可以找钟点工来协助，减少到3.5小时，只管周末扫除就好；

"我上周只跑了40分钟的步，身体很重要，也会影响到工作和生活的各个方面，需要增加时间，除了上下班的走路时间，每周至少3次完整规范运动，增加到3小时/周；

"读书的时间现在太少了，需要增加到每周至少4个小时；

"美容护肤这方面，把家务活的时间分出去后，至少每天可以抽出30分钟做面膜护肤。"

"你可定几个闹钟提醒自己，比如运动时间、读书时间、敷面膜时间……这样就不会忘啦。"

"好，周末就去请家政！"

调整了一个月之后，关潇潇身体倦怠的问题基本解决，气色也好了很多。

心情愉快，工作效率跟着提升，领导对她也越来越满意，年底加薪有望。

每个月额外支出2000元的钟点工费用，关潇潇也觉得非常值："专业的人做专业的事，阿姨比我打扫得快，打扫得干净。我可以加油挣更多的年终奖！"

尽量做更多有意义而且让我们更快乐的事情，幸福指数自然就会提升，幸福指数高的人，也更容易创造更大的价值。

经常做这个练习，我们能在不知不觉中，把我们的生活调整到更舒适和更有价值的状态。

第二节

# 通向幸福的思维模式

每个人的思维模式千差万别，有正确和错误之分吗？

可能没有。但实践证明，有一些思维模式，能够更大概率地帮助我们获得幸福。

## 第一，发挥自己的相对优势

人工智能程序阿尔法狗（AlphaGo）和人下围棋，把大师下赢了，大众一片哗然。

而这个人工智能程序更可怕的是可以边下棋边学习升级，这也能反映出一个趋势，机器会慢慢地取代人类的很多工作，重复性、机械性、计算类的工作很容易被取代，但是情感类、艺术类的工作却很难被取代。

在AI（人工智能）遍地的新时代，我们要把握的最关键的是什么？

要多沟通多学习，让我们的人脉圈越来越大，影响力越来越大，我们的能力、优势才能被更好地发挥和被更多人认可。

所以，作为妈妈，就应该发挥女性最大的优势。

女人擅长做的事情，比如做手工和艺术设计，再比如说女人天生的优势沟通能力和亲和力，这些都是AI不能替代的。

女人天生就有亲和力，语言表达能力也比男人要强。科学研究证实：女人每天平均要说20000个单词，而男性平均仅有7000个。

到菜市场买菜，看到大妈们眉飞色舞火热打成一片，旁边的大爷们要么微笑，要么默不作声很矜持。

所以会交流会跟人打交道，是女人的天赋，在职场中，我们一定要把它发挥到极致。

一位在医药行业做了12年高级销售的宝妈，叫蓝枫，两年前勇敢地从公司辞职，开启了正面管教事业。

蓝枫最大的优势是"特别能聊天，特别能营销"。

她除了能够很成功地把自己的课程、咨询卖给其他宝妈和企业外，还会帮那些一起做正面管教的宝妈分析如何做市场营销，如何做产品定价，如何做客户沟通。

在新的领域，照样把她高级市场战略经理的经验优势发挥到了极致。

我们的工作可能会换，公司可能会换，连行业也可能会换，但是用好我们那些多年来屡试不爽的，武装到骨头里的优势，一定是最正确的姿势。

## 第二，不要成为情绪的奴隶

网上曾有一则新闻，一名抱孩子的女性与交警发生争执，女子推搡交警，该交警将女子撂倒并与同伴配合将其制服，而孩子则被摔在了地上。

从视频上看，女子的确有妨碍执法的行为，且不因其抱孩子而不受法律约束。

大家谴责交警粗暴执法，同时也在问，出门抱着孩子，应该跟人吵架吗？

所以，我们时刻记得，我们的思维模式一定要能解决我们的问题，达到我们想要的目标，所以我们一定要学会控制我们的情绪。

比如，早上上班挤地铁的时候，因为人太多了，脚被人踩了一下，你会怎么办？

可能被踩的人会很不开心并且粗暴地说："你眼睛瞎啦？"

另一方根本不知道自己踩到了别人，听到被骂火冒三丈。

然后两人就开始对骂……

生气冒火就是我们的情绪，狠狠骂了对方，就是我们的行动。

所以，我们要在情绪之前先看看我们的情绪是怎么产生的。

比如说被别人踩了一脚，你给自己讲一个故事：早上上班人多，大家都不容易啊。

你可以平和地提醒对方："不好意思，你刚才踩到我了。"

对方意识到之后就会礼貌地道歉。

这时候是不是心里就舒服了很多？

所以，工作和生活怎么样更幸福，关键在于我们的思维模式是什么，怎么去诠释和理解，去调整和转变。

我们要为自己讲积极的故事，这样才能得到我们期望的结果。

## 第三，刻意练习幸福思维

练习幸福思维有一个方法——AMBR的焦点管理方法，AMBR分别代表以下几点：

A注意力（Attention）

M心态（Metion）

B行为（Behavior）

R结果（Result）

你肯定听过这样一些话：

"你的注意力在哪，产出的结果就在哪。"

"你的心态决定你的格局。"

"你的行为会决定你的结果"。

人人都说思维决定命运，其实就是你的注意力和心态影响了你的做事方式，不同的做事方式当然就会产生不同的结果。

心态好，注意力要专注，行为会伴随好的心态加上专注的注意力得到绽放，而顺畅的行为将会带来好的结果。

### 思维模式——"AMBR 焦点管理"

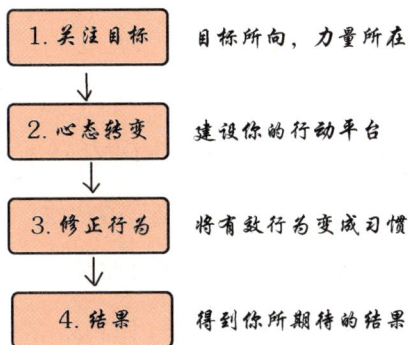

| | |
|---|---|
| 1. 关注目标 | 目标所向，力量所在 |
| 2. 心态转变 | 建设你的行动平台 |
| 3. 修正行为 | 将有效行为变成习惯 |
| 4. 结果 | 得到你所期待的结果 |

一个周五的晚上，老公和同事（而且是女同事）加班到很晚，回到家的时候都接近凌晨一点钟了。

我关了灯先睡觉，老公洗了澡后轻手轻脚地自己到床上躺下。

我这个时候其实是有点生气的：为什么不能早点下班？熬夜对身体很不好。

如果当时我的注意力放在他回来晚了，影响了我休息，还影响自己的身体，那我可能要发一通火抱怨他；

如果关注点再放到——是和"女同事一起加班"，说不定会脑补无数的情节，自己给自己加戏。

估计埋怨+"吃飞醋"一起上来，一场战火就可以爆发了。

但是我先抑制住了心中的不满情绪，把关注点放到了他加班太晚很辛苦而且影响身体。

（A）新的注意力——加班太晚了对老公身体不好；

（M）心态——老公辛苦了，但是我得劝他不能经常熬夜；

（B）行为——听他躺下了，轻轻对他说："亲爱的，我放在桌上的酸奶喝了吗？熬夜要补钙，以后不能经常熬夜。"

（R）结果——老公翻过身抱住我："老婆对不起，今天情况特殊，以后我尽量早一点儿回来，你别太担心啊，因为这两天把外地同事调过来做事情，所以时间比较紧张，明天就不加班了。"

后来他还不忘补了一句："我们是四个人一起加班的。"

我轻轻笑了："我知道，赶紧睡吧，都一点半了……"

**对的注意力——平和的心态——正确的行为——好的结果，一场战火就这样无声熄灭了。**

如果妈妈们一直关注的是生活中的消极面，比如吵闹的邻居、八卦的同事、苛刻的上司、叛逆的孩子、不省心的老公，或者你过去犯下的一个错误，每天在抱怨和自责中度过，那么你无疑是在浪费自己宝贵的时间和精力，并白白丢失本应得的快乐。

相反，如果你着眼当下、关注未来，一边为自己希望达成的事情做计划，一边由衷享受着当下，那么你的生活将变得更快乐、更成功。

总之，所有一切都取决于你的心境——拥有积极的态度，你的生活中定会充盈着快乐。

"积思成言，积言成行，积行成习，积习成性，积性成命"，

所有快乐和幸福都源于你看待事物的态度：积极则兴，消极则怠。

附：幸福思维方法

| 焦点管理方法 | 如何做的？结果怎样？ |
|---|---|
| A 注意力 | 我关注的是： |
| M 心态 | 我的心态和情绪： |
| B 行为 | 我是怎么做的： |
| R 结果 | 最后的结果是什么： |

# 找到幸福旅途的节奏

## 人生如逆旅，我亦是行人

随着年龄的增长，我们的人生旅途也在变化着：

小时候，被父母带着旅行；

长大了，一个人背着包去旅行；

成家了，和爱人一起去旅行；

有了孩子后，带着孩子家人去旅行；

等退休了，又变成两个人或一个人去旅行。

我们中间还可以和同事、朋友、驴友一起上路，只不过有的人只是过客，而有的人能够陪我们走很长一段路程。

而对于生涯旅程来说，我们可以把它分为一个人的旅行、两个人的旅行、多个人的旅行。

**把旅行目的地比喻为事业目标，把交通工具、同伴和自己比喻为现有的资源。**

### 一个人的旅行（单身的职场人）

当我们还年轻，没有组建家庭的时候，我们可能会有一个小小的目标：要有一份好的工作，要去远方旅行。

我记得那个时候想走就走，春天的时候骑着单车，背上我们的小书包，和朋友和到乡下去看金黄色的油菜花。

一路走一路看风景，看到美丽的景色就停下来拍照，随时可以拐弯、休息。

没有约束，没有顾虑，说走就走。

跳槽、换城市，想去哪里就去哪里。

因为想要进入自己梦寐以求的那个公司，刚毕业时候，我义无反顾地从大型的通信国企辞职去了北京，开始了我的北漂生活。

### 两个人的旅行（成家以后）

有了家庭之后，就需要两个人一起去旅行。

这个时候，目的地可能较远一些了，骑单车肯定就不行了，因为它不能遮风挡雨，而且不够安全。

有一次，我们长途跋涉开车去稻城亚丁。

过了康定，海拔就到了4000米以上，我就有点高原反应了。

夏季山路弯弯，云遮雾绕，能见度极低，必须打着应急灯才能往前开，非常危险，那个时候突然有点后悔自己开车来，人生地不熟，早知道就应该在当地租车请司机啊，两个人的安全多重要啊！

### 多人的旅行（升级妈妈以后）

有了宝宝之后，全家要一起出发，可能考虑的就不限于车的外观和速度，还对安全性、舒适性、宽敞度有了要求。

和老公、朋友单独出去玩儿的时候，大家聊聊天儿，各自看窗外的风景。

有了宝宝之后，还需要照顾车上的孩子，如果你在开车，车上的人都需要配合你。

如果路程比较远，开车的人会比较辛苦，需要有人换手，还要有人协助照顾孩子。

妈妈阶段我们的事业需要更稳定，收入要求会更高。

这个阶段，如果我们在工作上发展得很好，有了更高的职位，那么和我们配合的，就不只是家人了，还包括我们的同事、下属，我们的老板，我们的合伙人。

一大波人浩浩荡荡地一起上路……

之前，和家人一起出行只需要一辆七座的SUV，现在可能需要一辆大巴车。

大巴车上，会要求所有的乘客都系上安全带，不能够在车厢里随便走动，要注意安全，要配合驾驶员。

在中途，可能有乘客会下车，比如同事，可能会辞职。

甚至坐在副驾驶的我们的另一半，如果我们之间出现了严重的意见分歧，有可能他也会提前下车，不能和我们一起到目的地。

**人生的大巴，中途会有新的人上车，也会不断有人下车，能陪我们走到最后的，是我们的家人和挚友。**

当陪着你的人要下车时，即使不舍，也要心存感激，挥手告别。

我们开的车，需要不定期检查，甚至更新换代：

及时加油看动力是不是充足——是否需要加强我们的技能和内驱力；

GPS是不是需要升级——职业方向需不需要重新规划；

系统是不是足够安全——个人、家庭的职业、收入、健康风险是不是可控。

而我们自己，则需要保持好的体力，需要学习更多的新知识不至于迷路，还需要有人陪伴解闷。

我们的乘客有家人，有同事，有朋友，有合作者。

等我们的孩子长大了，他们也会下车，自己开车到他们想去的地方。

同事、老板，换了一波又一波，等我们退休了，他们也全部下车了。

乘客最多的时候，是我们的责任最大、角色最多的时候，也是对车的系统要求最高的时候。

**不管前面的路有多遥远，不管路多么崎岖，只要我们走的方向正确，都比站在原地更接近幸福。**

## 生命并不长，别再赶时间了

我们经常会给自己做完美计划：

25岁之前好好工作，存够20万元；

28岁之前做到经理职位，每年去国外旅游一次；

30岁之前和男朋友一起买房，结婚；

32岁之前生孩子，33岁再继续拼事业……

这个计划看起来挺完美挺合理，但是有时候婚姻、事业、生育能力等方面，会有一些因素不在我们的控制范围之内。

飞鸢是银行大客户经理，本来计划好了30岁之后再要孩子，但是一直等到33岁了还没怀上，到医院一检查，卵巢肿瘤，需要手术治疗。

当初计划好的步骤完全被打乱，飞鸢只能唉声叹气接受事实。

所以我们不仅需要有计划A和计划B，还要有计划C。

育龄女性，是不是需要每年体检和做健康储备？

是不是随时确认公司/行业发展情况如何？

如果前景不乐观，需要提前为下一份工作做准备吗？

我们如果每天都在马不停蹄往前进，等于只是简单地对每日的生活做出反应，并没有给自己足够的时间去想：我究竟想要一种什么样的生活？

从中学开始，我就记得老师教的一个学习方法：劳逸结合。

工作和生活也是同样的道理。

劳逸的结合点有三个方面：**生理、情感和认同**。

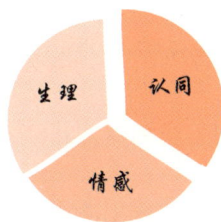

生理：妈妈需要保持长久稳定的体力、情绪、专注力，在一定量的劳作之后，需要食物饮水来补充体力，睡眠小憩恢复精神。

比如，妈妈们不能天天为了孩子熬夜，不能只顾给孩子做饭，自己却不吃饭，不能因为孩子不好好做作业就暴跳如雷，导致自己血压升高。

情感：每个人都期待向他人倾诉，获得同情、慰藉。妈妈们在一段时间的辛苦工作之后，和别人聊天，八卦，互相吐槽、安慰更是必不可少的。

认同：一方面通过努力工作获得社会认同，另一方面追求精神层面的情趣，画画、写作、手工，每一位妈妈都可以做生活的艺术家。

每位妈妈对"劳逸结合"的感受度不同，没有统一的模式，唯一标准是做起来得心应手、想起来心安理得。

比如，我喜欢这样的劳逸结合方式：

生理满足：尽量早睡+午睡20分钟，早餐营养，午餐晚餐清淡，偶尔放纵吃大餐，每天保持半个小时的运动；

情感满足：每天晚上尽量和家人在一起，有时间和孩子聊天，看孩子表演，和家人一起去旅游；

社群、合作沟通，老友问候；

认同满足：做自己喜欢的，而且对别人有价值的事情，写作、讲课、咨询、项目考察、商务谈判、课程开发、业务规划等。

　　最后，将生理、情感和认同的活动，每天穿插着进行，70%的时间工作学习，30%的时间放松娱乐。

　　永远都不会觉得那一天特别辛苦，或者特别无聊。

## 自测：你给自己的生活幸福指数打几分

| 生活幸福指数 | | 分数(1~10) | 平均分 |
|---|---|---|---|
| 事业 | 自己喜欢的 | | |
| | 自己擅长的事 | | |
| | 有价值的事 | | |
| | 获得更多回报的 | | |
| | 其他重要指数 | | |
| 家庭 | 经济状况 | | |
| | 和谐相爱程度 | | |
| | 其他重要指数 | | |
| 综合 | 自我评估：这是不是我想要的生活 | | |

　　备注：其他重要指数，来自你内心最强烈最特别的愿望。（6分以下不及格，6~8分有待改善，8分以上为幸福）

第八章

O₈

## 真正的勇士，
## 不孤军奋战

　　单个的人是软弱无力的，就像漂流的鲁滨孙一样，只有同别人在一起，他才能完成许多事业。

——亚瑟·叔本华

第一节

# 聪明的妈妈会管家

## 你挖掘老公的潜力了吗

我和小玥是在生涯规划师的沟通群认识的，小玥做人力资源，参加过生涯规划师的课程培训，后来因为时间原因，暂时没有继续升级。

小玥把我当成学习榜样，每次我的线上分享课小玥都会报名参加。

8月底的时候，小玥想换工作，找我帮她做职业规划。

9月份我到北京出差，小玥特别开心，说一定要跟我见面聊。

我们约在清华大学附近的咖啡馆，我提前半个小时到，找了一个角落沙发打盹儿等她。

小玥跟我想象中一样，披肩的长直发，说话声音很轻，很温柔。

她向我诉苦说："明年准备要孩子，自己想换个工作多赚点儿钱，以后可以养孩子。"

"主要就是为了找薪水更高的新工作吗？还有别的诉求吗？比如公司前景，工作内容？"

"工作前景当然也很重要，但是最重要的是薪水比现在高，起码到12000元以上吧。"

"之前说了，是因为明年要生孩子的压力对吗？"

"是，老公就像个孩子，天天就知道打游戏，所以我得自己多努力。而且我是单亲家庭，妈妈从小就不管我，所以也指望不上父母来照顾孩子。"

说到这里，小玥眼睛红红的，靠不了父母、靠不了老公，看起来小玥只能很辛苦地自己努力打拼……

我问小玥："觉得老公像个孩子，具体不靠谱在哪里呢？"

小玥告诉我："老公是北京本地人，家境还不错，和我是大学同学，一样学工商管理。毕业后没出去工作，而是开淘宝店卖漫画手办，每月大概能收入1万元。

"而且老公喜欢打游戏，不想出去上班，觉得现在日子挺好的。

"关键问题是，现在住的房子是老公家里买的，只有一居室。

"两个人商量要生孩子，但是生孩子后开支会增加，以后还需要换大一点儿的房子，靠我们两个人现在的收入根本不行，也不可能再管家里要钱。

"我觉得老公一点儿都没长大，沟通了很多次让他出去重新找个工作，他也不听。"

小玥很苦恼，觉得老公待在家里打游戏是不务正业，迟早要废掉，也没太多指望。

我问小玥："如果靠你一个人，在北京能买得起更大的房子吗？"

小玥叹了口气，苦笑了一下："北京房价这么贵，不知道我一个人要挣到什么时候。"

我又问她："老公打游戏是不是很厉害？"

小玥说："老公其实很聪明，打游戏非常厉害，经常带队作战，还在电子竞技大赛拿过奖，在游戏里面有很多忠实的'迷弟'跟着他，但是这又如何呢？"

我继续问她："如果提供游戏周边服务，这些粉丝愿意付费吗？"

小玥说："那些打游戏的人可有钱了，买装备花上万元，眼睛都不带眨的。"

我再问："如果让这些粉丝给你老公付费有可能吗？"

她愣住了……

"对了，曾经有朋友求他帮代练游戏号，付钱的，也做过游戏论坛版主……"

我继续说："其实你老公优势很明显，除了代练游戏号，给游戏迷有偿分享游戏升级攻略，做游戏周边服务，也是可行的。

"只不过打游戏在平常人眼里显得有点'不务正业'，职业玩家也比较吃青春饭。可以考虑多元发展：可以在自己的淘宝店代理游戏业务，也可以去游戏公司应聘，参与游戏策划、开发、运营、管理游戏论坛，这样不是就可以把爱好变成新工作了吗？

"不一定非要他改行。

"只不过他的职业也需要好好规划一下，可以给自己定一个目标，比如一年内准备赚多少钱……"

小玥喜极而泣，抓住我的手说："老公其他方面其实也挺好，脾气好，顾家。我就是觉得他没上进心，被您这么一提醒，其实他的优势也很多啊！"

"对啊，你也是做人力资源的，知道用人要用长处，如果你非要让老公做自己不感兴趣的工作，比如销售啊，行政啊，估计也不一定能做好。

"换个角度看问题，解决方式就不同了，你也不用这么辛苦地孤军奋战，对吧？"

小玥连连点头。

"老公的问题解决后，你就不要只想着自己去多赚钱了，而是要想好怎么用好自己优势和兴趣重新规划事业……"

离开漫咖啡的时候，小玥依依不舍地拉着我："你什么时候再来北京？"

"我会经常来的。"我笑道。

小玥后来再也不认为老公"一无是处"了，自己找工作的事，老公的淘宝店的事，都会和老公一起商量。

小玥跟我说："老公确实很聪明，上个月试了一下，就多赚了1万多元，他高兴极了。"

**人常说，退一步海阔天空，其实换个角度看问题，也会有不一样的发现。**

**路可以有很多条，我们没有必要把自己逼到一个小胡同里，不要选择最僻静坎坷的那条路一个人走。**

## 你给孩子足够的陪伴了吗

"我不知道自己出了什么问题，努力地投入工作，然而一段时间后，整个人突然就会疲惫得跟散了架一样，出差加班回到家儿子对自己也不亲，宁愿和奶奶睡也不想跟自己睡……"

说这话时，宁傲一脸茫然，完全没有了平日的干练和沉稳。

35岁的宁傲是一家时尚媒体的副总编，有一个2岁的儿子，家庭美满，事业成功，是人们眼中标准的成功女性。

可是，有一个问题一直困扰着她。

那就是，她觉得自己的儿子喜欢奶奶多过喜欢自己，奶奶也很自然地"霸占"着宁傲的儿子，吃饭睡觉洗澡都一手包办，宁傲完全插不上手。

宁傲很委屈："我在外面很努力地工作，挣的钱也全部用到了家里和儿子身上，但是在家里却没有得到老公和婆婆的支持，儿子跟我也不亲，我在家好像一个隐形人。"

在工作中，宁傲是一个雷厉风行的人，咨询的时候她却非常感性，情绪波动大，委屈得有点儿像怨妇。

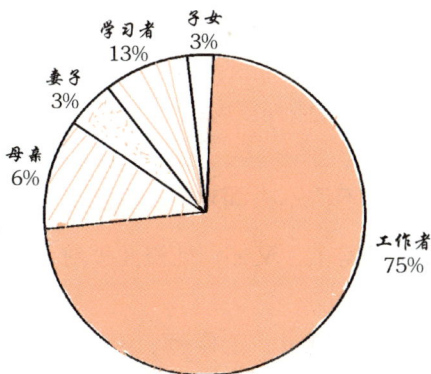

学习者 13%
子女 3%
妻子 3%
母亲 6%
工作者 75%

宁傲目前的角色饼图

我先安抚宁傲的情绪，对她说："我知道你现在心情不好，先不要着急，我们先来画一个饼图。这个图代表你每天的时间，如果把这个饼图分成母亲、工作者、妻子、子女、学习者，刨除8小时睡觉时间，剩下的16小时你是怎么分配的？"

这个"饼图"一画出来便可以很直观地看到宁傲的目前时间占比排序：

工作时间占75%，排第一；

近期管理培训、学习占用13%，

每天和孩子相处的时间只有6%；

和老公、婆婆沟通的时间就更少，分别不到3%。

看完这个图之后，宁傲崩溃大哭。

因为她知道，她不得不去面对自己生活中最真实的一面：只有6%的时间花在儿子身上，又如何能怪儿子对自己不亲呢？

可是在宁傲心中，母亲、工作者、妻子、学习者、子女的重要程度排序不是这样的啊！

我问宁傲："如果重新给这些角色排个序，你觉得它们在你心目中的重要程度分别占比多少？"

宁傲想了想说："工作很重要，但是做母亲也很重要，即使不能平均分，也不能差别这么大，再次是妻子、学习者和子女，我也希望好好和老公婆婆沟通。"

我们重新对宁傲理想中的角色占比进行了排序，出来的新的饼图是这样的：

**理想状态**

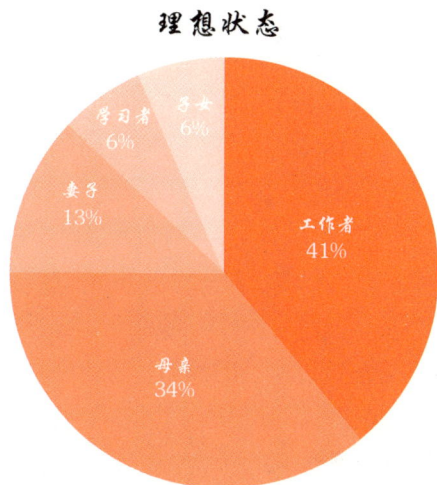

宁傲心目中的理想状态：有安稳的事业，做一个好妈妈，和老公恩爱相处，和婆婆互相理解。

可是按照实际的上班情况，时间上的分配很难做到这个理想比例，最后，根据现实状况，我们又将饼图做了调整：

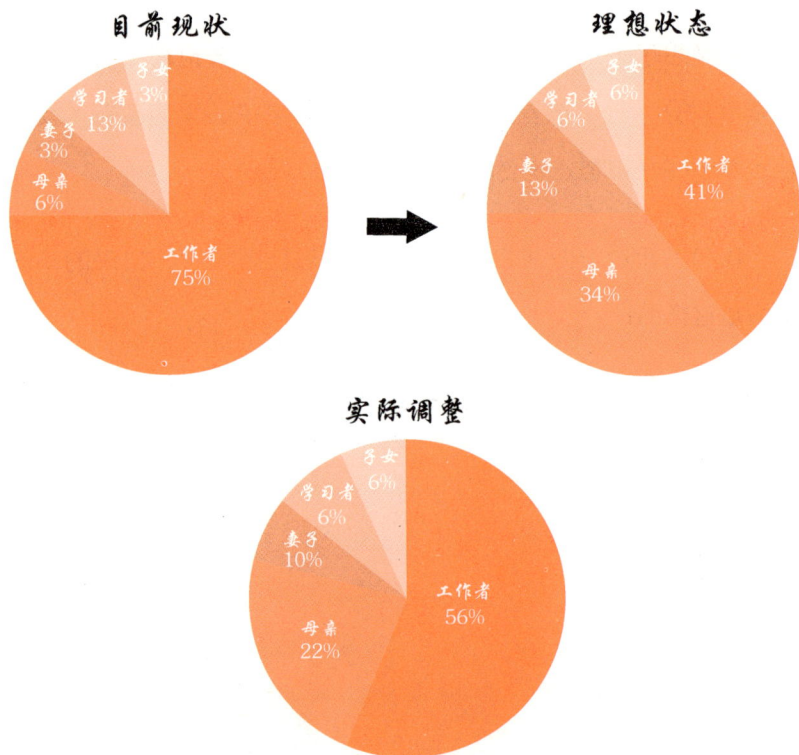

**目前现状**

**理想状态**

子女 3%
学习者 13%
妻子 3%
母亲 6%
工作者 75%

子女 6%
学习者 6%
妻子 13%
母亲 34%
工作者 41%

**实际调整**

子女 6%
学习者 6%
妻子 10%
母亲 22%
工作者 56%

实际的时间精力分配：

每天工作时间9小时，晚上尽量不加班，在晚上7点半之前到家；

早上和晚上陪孩子的时间增加到3小时，周末减少应酬，尽量有一个整天陪孩子；

和老公每天保持半个小时以上的沟通，或者每周1个小时的私密空间；

每天晚上花半个小时帮婆婆一起收拾或者一起带孩子；

每天保持半个小时的固定阅读；

和理想状态的差距补充方法是高质量的陪伴+贴心的小礼物+深入的沟通交流。

经过两个月的逐步调整后，宁傲跟我说：

"现在每天尽量把工作提前安排好，培养了一个得力的助手，琐事杂事就不用我再操心了。

"每天早一点儿回家陪儿子玩，给他读绘本，一起组装变形金刚，告诉儿子妈妈很爱他，我们一起泡在浴缸里玩小黄鸭，洗完澡就抱儿子一起钻被窝。

"换了一个更好的保姆，让婆婆更轻松一些，时不时地给婆婆买一些小礼物，感谢她辛苦地帮忙带孩子，婆婆也很高兴。

"晚上拖着老公一起陪儿子玩，儿子睡觉后和老公聊聊最近的工作，聊聊孩子应该选哪家幼儿园，一起靠在床头看会儿书……

"上个月，和老公带儿子一起外出旅游，坐飞机，坐船，去迪士尼乐园玩游戏，在旅行中儿子越来越粘我了。

"现在儿子每晚吵着跟我们睡，闹着把被子和小枕头拖到我们房间，真的好开心！"

## 角色饼图表帮你"管"家

我们用角色饼图的方法，看清了我们自己不同角色的重要性，也看清了我们现实状况。

你最关心的事情、最关心的人，在他们的身上多投入一些时间和精力吧。

让每个角色在我们心目中的重要程度和我们投入的时间精力尽量匹配，做到真正的知行合一。

给自己目前重要角色排个序，这些角色可以是母亲、妻子、工作者、女儿、学习者、休闲者等。

　　把每天花费在这些角色上的时间也排个序，画出一个百分比饼图，看看角色的重要性和所用的时间是不是匹配的。

重要角色所花时间占比　　　角色重要性排序

**第二节**

# 聪明的员工"管理"老板

## 老板要主动沟通不要等

### 老板有多重要？

　　如果老板不认可你，是不是会出现以下情况：

　　产假时间会被卡吧？

休完产假职位多半已经被取代了吧？

有升职的机会肯定不会第一个想到你吧？

有培训的机会不会预留给你吧？

我从做高管到自己创业，也经历过很多的老板，如何与老板相处可能是会很多朋友觉得比较头疼的事情，很多人不停跳槽、离职都是因为和上司的相处有问题。

你可能要说，为什么必须要搞定自己的老板呢？搞定老板多难啊，我还是等着老板来找我吧！

有个朋友曾经咨询我说："我给老板发邮件说安排客户见面的时间，老板回复他非常忙，日程已经安排到下个月了，这个临时客户没法见。

"我们老板不经常和下面的人沟通，搞得我们工作很被动。"

我的回答是："不对，你应该多和老板沟通。

"原因很简单，老板的时间少，信息多、资源多。

"你的时间多，信息少、资源也少。

"沟通一定是由处于资源弱势方主动发起的，所以你要主动找老板，而不是等老板来找你。"

【错】谁位置高谁主动沟通——这是找爸的节奏。就像是在说你是家长你能不管吗？

【错】谁的工作范围大谁主动沟通——老板们倒是干得很开心，你这里痛苦着迷茫着，期待人家自己发现来帮助你？

现在明白了吧？

不管什么时候，不管是公司内还是公司外，和老板沟通，遵循两个原则：

**谁资源匮乏谁主动沟通；**
**谁比较痛苦谁主动沟通。**

## 让老板习惯你的出现

一定要主动和老板约定固定的沟通通道。沟通最好2周一次，实在不行每个月一次，每次30分钟。提前确定好时间，把要聊的议题发给老板，这样会让沟通更加顺畅。

Facebook首席运营官谢丽尔·桑德伯格就是向上管理和向下沟通的高手。面对比自己年轻许多的上司，刚加入Facebook的桑德伯格就与扎克伯格商定：每周双方做一次面对面的工作反馈。

最初几年，每周五下午两人都见面，并且事无巨细地谈论双方所关心的事情。

"几年下来，分享真实的意见已经成为我们关系当中很自然的一部分，我们现在随时会这么做，而不必再等到周五了。"

我自己面对下属的时候特别喜欢下属跟我主动聊工作，这不仅代表他们信任我，也代表他做事情积极主动，愿意思考。

我会跟他们说："我们去楼下咖啡厅喝一杯，你把想法和我慢慢说。"

## 谈老板真正关心的话题

所有的老板都关心业绩？是的。

但是不同老板关心业绩的角度肯定是不一样的，这个跟公司的体制有关。

私企的老板关心公司整体的业绩，客户是否满意，今年盈利如何，明年前景如何；

国企老板可能更关心的是上级下达指标的完成情况，员工是不是支持拥护自己。

不同性格的老板关注的重点也不同。

目标导向的老板关心做事情的结果；

过程导向的老板关心做事情的精益过程。

有的老板在关心业绩的同时，也会关注员工的其他方面。

保姆式的老板关注员工的生活和情绪；

活力四射的老板关注员工的创造力和潜力。

老板的需求各有不同，我们需要先知道他想要的是什么。

## 批评的话都留到私下说

这个其实是做人基本之道，只是面对领导时特别重要。

尤其是面对现状不确定，团队不稳定时期的领导，因为他需要一定的权威。

在公开场合，即使你的意见再正确，也最好暂时闭嘴，私下再沟通。

慢慢你会发现，私下两个人指出对方缺点越深刻，两个人的关系越好。

而公开场合则完全相反，对中国人来说，面子很重要，即便是对好朋友，当面揭短也会让人难以接受，何况是你的老板？

公司的年会上，老板喝高兴了，对在座的员工说："你们讲一讲，公司现在有哪些缺点和可以改进的地方啊？"

大部分的员工都不吭声，连连说：

"挺满意的，挺满意的。"

"老板对我们特别好……"

小茹是个直性子，看见大家都这么磨磨叽叽不合正题，就说："老板，隔壁公司的年终奖12月底就发了，我们的年终奖要过年前才拿得到，是不是可以提前一点儿，大家都觉得12月底发奖金比较合理。"

气氛突然尴尬……

大家看着小茹，都不说话了。这个决定是老板和财务总监、市场总监刚刚商量出来的，目的是为了稳定年前想跳槽的员工，同时又不至于拖欠年终奖，让大家过不好年。

都替她捏把汗，老板前脚的决定，你后脚就反对，你是不想在这里干了吗？

老板似笑非笑地对小茹说："大家都这么觉得吗？每个公司的情况不一样，隔壁是小公司，做咨询的；我们公司人多，市场销售人员也多，流动性更大。这个规定是公司领导层深思熟虑之后的决定，也希望大家能够理解，公司是肯定不会拖欠大家年终奖的。小茹同志，你对隔壁公司这么了解？"

小茹的"建议"当着全部员工的面提出来，实质上是让老板骑虎难下了：老板如果同意了这个建议，就属于朝令夕改，出尔反尔；

老板如果不答应这个要求，就是不倾听员工心声，是失败的老板。

怎么做，都是为难。

向老板提批评、提建议有很多种方法，我们不要选择让人最
尴尬、最难以接受的那一种。

# 管理身边人对你的期待

## 每个人对我都有期待，我该怎么办

作为妈妈，要做到工作家庭两不误，是要承受多方面的压
力的。

但是同时也会让我们有一份自己热爱的事业，有一个温暖幸
福的家庭，这样的人生才够完美。

为了这份完美，很多人会有一些纠结，也会在生活中不断地
调整自己。

职场妈妈不仅要把自己的生活和家庭处理好，还要懂得如何在
工作上把自己的优势凸显出来，这样才能够更好兼顾自己的生

活和工作。

琳琅在省教育出版社工作，有一个2岁半的女儿，之前做校稿工作，3个月之前刚刚被总编提拔为部门的助理编辑。

琳琅工作认真、文笔细腻，总编对她非常看好，对她提出要求并承诺："今年如果通过了出版专业职业资格考试，明年可以再给你升职，做真正的出版编辑。"

琳琅父母帮忙带女儿，女儿明年就可以上幼儿园，父母就能比较轻松了。

最近因为二胎新政策，老人催促琳琅赶紧生二胎："趁着我们现在身体还好，你早点儿把二胎生了，生下我们又能帮忙带。"

而琳琅老公在部队里工作，每周才能回家一次，最快明年可以转业，如果真的生二胎，琳琅的重心就必须全部放到家里，升职肯定会受到影响。

琳琅是个孝顺女儿，不好直接反驳父母，可是总编对自己的工作表现又很期待。

老公还好，理解琳琅，但是因为工作限制，短期也爱莫能助，老公说："转业之前我最多一周才能回来一次，还是要辛苦老婆多照顾家里了。"

父母、总编、老公、女儿都有各自的期望，琳琅觉得不知道从哪里开始接招了。

为了制订计划解决琳琅的困惑，我们需要分析工作、家庭和个人的情况，让琳琅做静心明智的决策。

我们使用了角色地图来做分析，找出对琳琅重要和有明确期望的所有关键人。

我给琳琅介绍了"幸福董事会"的概念："重要的人对你的期望，不只是传达关心，而是对你真正重要、你真的愿意去满足的部分，所以期待中除了父母、领导、老公、同事、孩子，还应该包括你自己。"

## 创建重要角色地图

我们用一张白纸，先将琳琅写在了中心的位置，

将单位的领导写在了上部，画一个箭头，指向中心的琳琅。

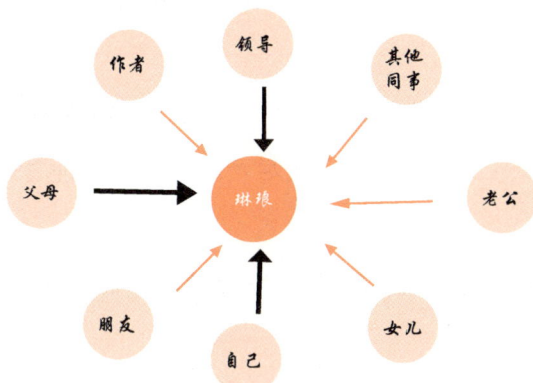

**琳琅的角色地图**

继续这个过程，上下左右都写上，对琳琅有期望的关键的人，包括父母、老公、女儿、作者、同事、朋友。

每个角色都有箭头指向中心的琳琅，箭头的粗细代表关系的强弱，以及满足这些人的期望的重要性。

我让琳琅把自己放在下部也画一个箭头指向自己，把对自己的期待也写进去。

琳琅说："我要继续提升专业能力，争取升职，还有健身和读书。"

## 列出主要角色者的期望

（1）领导的期待：通过职业资格考试，担负更重要职责（强烈）。

（2）父母的期待：趁着年轻，赶紧生二胎（强烈）。

（3）作者的期待：做一个尽责的编辑，保证书籍顺利出版（强烈）。

（4）老公的期待：转业回家之前，琳琅多照顾家庭（较强烈）。

（5）女儿的期待：妈妈每天早点儿回家陪伴自己（较强烈）。

（6）同事的期待：沟通顺畅，进度不拖沓（一般强烈）。

（7）朋友的期待：偶尔聚会，出游（一般）。

（8）自己的期待：趁着机会尽快晋升职位，二胎希望暂缓（强烈）。

从列出的重要成员的期待中可以看出，领导、父母、作者、自己的意愿都很强烈，这也是令琳琅感到困惑和应接不暇的原因。

## 确定角色问题和行动步骤

"到了这一步，我们就需要揭示决策的三个重要的问题：**角**

色模糊、角色过载和角色冲突。"我提醒琳琅。

每个问题描述都需要记录琳琅对这种情况的评估，以及打算怎么做。

（1）**角色模糊，对于一些期待的发送者，不确定他们对自己的期望是什么。**

考虑可以用行动来明确他们的期望，并将这些行动写在要做的事情的列表上。例如，对于要出版书的作者，需要保持及时的沟通，明确需求，一边改稿一边反馈，保证能将原稿进行好的梳理和升华。

（2）**角色过载，所有人对琳琅的期待的总和，可能比琳琅能够做到的要多，所以需要设置优先级。**

琳琅就需要将它们按照重要紧急、重要不紧急、不重要紧急、不重要不紧急来排个序了。

（3）**角色冲突，一些成员的期待和其他人对自己的期待有直接的冲突。**

比如，领导要求今年内通过职业资格考试，明年争取晋升正式编辑；而父母的期待是今年赶紧准备二胎，最好年前怀孕，争取明年老二顺利出生；自己的期待是先晋升，再怀孕。

所以琳琅必须把这些期待放到一起，分析一下所有期待对自己的影响，重新协调。

最后在行动列表中表现出来是这样的。

| | |
|---|---|
| 角色模糊 | 作者们：经常需求不明确，影响改稿进度，需要规范及时的沟通 |
| | 老公：转业时间和新工作一直没落实，需要尽快和上级领导沟通确认 |
| 角色过载 | 重要紧急：通过职业资格考试 |
| | 重要不紧急：备孕二胎 |
| | 不重要紧急：说服父母暂缓怀孕 |
| 角色冲突 | 先保证升职计划顺利进行，做好工作，得到领导的全力支持 |
| | 二胎计划需要再开家庭会议，从家庭经济情况、夫妻两个人的工作发展、未来孩子的教育储备先做分析 |

后来，和父母、老公开了家庭会议，达成了一致之后，琳琅和老公一起定了半年的计划排序：琳琅考取资格证书、先升职，老公搞定转业工作，理财，备孕……

琳琅给爸妈说："为了宝宝们以后能上好的幼儿园和小学，我们现在要多赚点儿钱，而且让您们帮带两个孩子实在太辛苦了，生二胎家里要请一个好保姆，你们也轻松一点儿嘛。"

爸妈点头说："孩子重要，年轻人事业也重要，我们理解，你们加油吧，爸妈支持你们。"

工作和家庭是生活的两个翅膀，哪一边折了我们都没有办法飞翔。

要在两者之间找到平衡，尽最大可能来化解压力，享受生活，快乐生活。

**无论是对工作还是家庭，首先是要心存爱**。爱工作，爱家人，感恩工作和家人给予的自信和支持，舍得付出。

**其次是要有责任心**。对工作负责，对家庭负责，努力得到家人的理解和包容。

职业女性不再是一个一成不变的角色，什么场合怎么表现都要心中有数，要有头脑、有能耐。

生活要求我们上得厅堂下得厨房，哄得了孩子，管得了老公，还要孝顺老人。

在公司里要搞得定客户，摆得平老板，还要跟同事和睦相处。

**面面俱到，让所有人都满意，真的很难。**

　　而我们可以做的，就是管理重要的人的期待，并且调整和满足重要人物的期待。

　　附：根据以上方法画出你的角色地图（中间是自己）

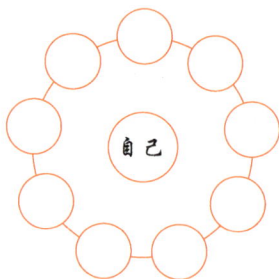

第九章

O₉

幸福的生活，
开花结果

每一个人可能的最大幸福是在全体人所实现的最大幸福之中。

——爱弥尔·左拉

第一节

# 梳理幸福支持链

## 向外求：构建他人对我的支持链

我们是社会动物，在社会中承担着不同的角色，自然而然就会和不同的人产生联系，工作和家庭兼顾的妈妈们更是如此：

谁与我们共同成长？
谁与我们同甘共苦？
谁与我们同舟共济？
谁是我们真正的支持者？

之前我们讲到过角色地图，是关于我们如何去管理他人的期待。

现在我们要看我们怎么样**从他人身上获得更多的支持，构建我们的支持链**。

我为自己列出了自己的工作和生活的支持链，这是我做职场妈妈时候的状态，代表着我和其他人的关系，我们可以一起来画一画。

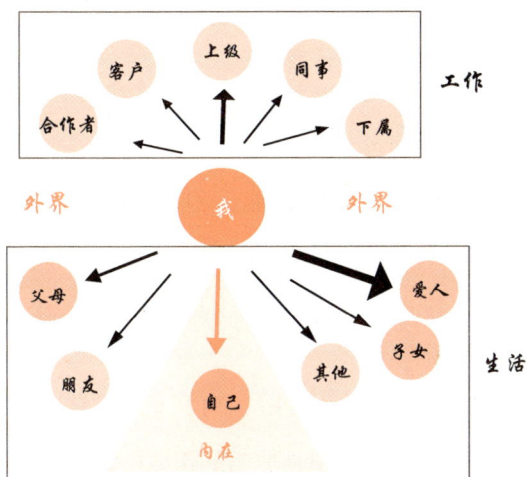

支持链——我们与他人的关系

- 从工作和生活角度分

工作中包括上级、同事、下属、客户，还有其他合作者，合作者有可能是人，有可能是其他公司或者有合作的渠道平台。

在生活中会包括我们的爱人，我们的父母，我们的子女，还有我们的朋友，还包括我们自己。

- 从外界和内在的角度分

我们自己和自己是内在的关系；

和其他人，包括上下级同事，还有爱人子女父母朋友，都属于和外界他人之间的关系。

- 从支持力度的强弱分（看一看箭头粗细）

首先是自己：代表着自我效能。内心的强大和情绪的稳定，以及能力的高低，都是我们的内在，这特别的重要，属于强支持关系；

其次是爱人：组建家庭之后，对我们最重要的是爱人的支持，不管是工作还是生活中都是非常的重要的。结婚会让你的财力上升，个人精力下降，心力和情绪力则很大程度上取决于你的伴侣的支持和认同。

再次是上级：老板的支持也是非常关键的，幸运的是，我的历任老板都非常好，总是给我足够的认可和授权，让我可以很顺利地开展工作。

接下来是父母：在生活家庭中可能还需要得到父母的支持。

感谢爸爸妈妈从来不干涉我的职业发展，并且尽心尽力地照顾我们，他们总说："你们想做什么就尽管去做，我们给你们做好后盾……"

其余的合作客户、同事、下属、朋友的支持是互相对等的关系，我们需要得到他们的支持，他们也需要得到我们的支持。

孩子的支持会随着孩子年龄的增长而加大，小宝宝时期的孩子需要由我们完全照顾，等我们把他们培养成为懂事、自律的少年，他们就会成为我们的好帮手。女儿长大了，当我晚上有直播课或者咨询必须在家里完成的时候，她总是很乖地说："妈妈，我绝对会很听话地在房间写作业，你安心直播吧。"

这就是我的支持链。

每个人的实际情况可能会有所不同，你可以根据自己的重要关系做调整，重新画出自己的支持链。

从这张图上就可以非常清晰地看到：

谁是我们的强力的支撑？

我们应该从谁的身上获得更多的帮助和理解？

如何跟他们提出需求？

## 向内求：我是自己最好的支持者

米萝在南京的一家电器公司做客服工作，负责接听客户的投诉电话。

把问题反馈到产品部门，一边要给客户赔笑脸，一边要和产品部门理论，产品出了问题客户骂，但是产品部的人还推卸责任拖拖拉拉。

米萝说："做客服的话，干得好能混个小组长或者后台，不用接电话，负责统计数据，给升级投诉的做回访，薪资也相对稳定，还有机会出差。

"但再往上就没有什么空间了，现在还经常客户、内部两头受气，我不喜欢现在的工作，做得越来越没有成就感，但是如果换工作，不知道自己还能做什么，觉得什么事情都做不好……"米萝不停地叹气。

我对米萝说："我记得你的信息收纳表上有一项成就事件，做过销售员并且业绩很好？"

　　米萝停顿了半分钟："是的，做过半年，主要负责片区订奶，我的销售量是所有片区最好的，后来因为生孩子辞了职，经过朋友介绍就到这里做客服了。"

　　"看起来，销售的工作好像更适合你？"

　　"是啊，我喜欢和客户直接沟通需求，直接解决问题，有业绩了也更有成就感啊。"

　　"你可以重新尝试自己更感兴趣更有成就感的工作，找回自己的信心。"

　　后来，米萝下决心辞掉客服工作，重新应聘到"我爱我家"做销售。前几天她告诉我："白老师，还是做销售好，我对这片小区太熟了，几乎每一家都上门过，上个月我的租房签单最多，嘿嘿。"

　　做那些让自己更有成就感的事情，比死磕让自己痛苦的事情，更加让人信心百倍。

## 效能感：如何获得真正的自信力

**成长，就是看着曾经崇拜的人步下神坛，看着曾觉乏味的人**

**迸发光彩。一战成名、一见钟情、一掷千金多么容易，一丝不苟、一往情深、一诺千金多么困难。**

我见过不少优秀到外人看来闪闪发光的人，长相佳，能力强，性格好，可是还是在拼命努力，总是容易怀疑自己，在低谷期尤其容易狼狈。

也见过很多很普通的人，做着自己喜欢的事情，慢慢建立起影响力，散发出自己的光芒。

除了做自己得心应手的事情外，我们能力的提升，我们思想的解放，我们情绪的稳定，都能够更好地支持我们的信心和幸福感。

从心理学的角度，我们把自信也称为"自我效能感高"，它表示一个人对自己有能力完成特定任务所持有的坚定信念。自我效能感的高低，是一个人自信程度的表现，自我效能感高的人更自信。

**自我效能感高的人的行为更有韧性，他们较少焦虑和抑郁。**

比如，当出现问题时，自我效能感高的人往往能保持平静的心态并寻求解决方案，而不是反复认为自己的能力不足。

像自尊一样，自我效能感会随着辛苦付出后得来的成就感而增强。

提高自我效能感有三种方式。

## 1. 关注和创造让自己有成就感的事情

其实人生最可怕的根本就不是挫折，也不是创伤，因为谁都无法避免失败。

最可怕的是"你不信你能做到""你不信你能忘掉""你不信你能重新开始""你不信你能学会"……

总之，你就是不相信你自己。

所以，我们要先想到你已经做到的事情。

我在每次做咨询之前，都会让来询者先填写信息收纳表，其中非常重要的一项就是，**列出三件你做过的最有成就的事情。**

成就感可以来源于很多方面，比如生活经历、学习经历、实践活动、兼职经历或者工作经历。

每次和来询者讨论"成就感大事件"的时候，都能明显感受到她们的情绪高涨，从三次"成就感大事件"一般就可以推断出一个人的性格、兴趣、价值观方向。

**主导优势控制区**：就像刚刚说的米萝，做事喜欢主动出击，善于和人交流，做销售的工作更得心应手，更容易出成绩，更容易获得自信。

**在其他领域取胜**：你可以在其他的领域培养一些自我效能感，然后转移过来。比如，如果工作让你受挫，那么你可以在工作以外学点自己感兴趣的东西，比如学英语。比如生了孩子后减肥成功，回头来对于工作也会重新获得信心。

**每天可以写成就日记**：每天临睡前都记录下自己最有成就感的事，第二天早上起来，把昨天和之前几天的翻看一遍，慢慢地，你整个人就会变得好起来。

有人会说："老师，我想了一天都没有什么有成就感的事。"

你看，这就是对于自己要求过高的情况。可能你本身是有8分，但是你非给自己定一个12分的标准，所以看上去毫无成就感，其实你也许有很多自己都不知道的优点。

来自上海的菲菲，也是一位换新工作不久的职场妈妈。

她跟我说："我最近新工作犯了错，绩效被打成了C，感觉自己特别笨……"

菲菲是个实诚的人，在同事交接工作流程前不懂得确认，在新工作中"默默无闻"地包揽了很多其他同事没做完的活儿。

自己经验不足，遇上比较"狡猾的"不负责的同事，就成了大问题。

比如填错了客户回访单、客户信息资料不全、后续服务没有跟进……

领导一检查，问题都到了她的手里，绩效自然就变成了C。

菲菲信心十分挫败："我好担心自己被开除，每天都战战兢兢。"

我先安慰她："我记得你给我说过你特别喜欢看书，还是某某读书会的年度会员，先分享一下你怎么读书的吧。"

菲菲说："我每天4:50起床看书，坚持了100多天了。"

"哇，每天4:50起床看书，我可是做不到的，你已经比90%的人厉害了。"

"可是我读了这么多书还是这么笨……"

"你很努力，也很真诚，新工作中犯错和背锅，只是因为你的方法有问题。

"多向别人请教，你越怕就越没自信，越没自信就越不敢主动问。

"多写工作总结，多向领导汇报、确认，在和同事交接工作之间先明确各自的权责利范围。

"争取不犯相同的错误，不背无缘无故的锅，绩效慢慢就能提高了。"

"犯错我就会难受，难受就更没有信心……"

"到新的环境不适应，犯错在所难免。第一步，信心是最重要的，只要找到原因，总结教训和方法，慢慢会越做越好的。何况，你其实很棒！"

**让自己恢复自信心，本身就是让自己变得更强的重要方法之一。**

### 2．正确模仿，找到替代经验

我们大部分人都喜欢模仿两种人，一种是身边的人，就是大伙怎么做，我就怎么做；另一种是特别牛的人。

其实这两种模仿形式都是错误的。

因为模仿这两种人都没办法给你"替代性经验"：模仿平庸大众，但是你又不准备成为平庸大众，模仿来干嘛，显然没有替代经验。

但是如果你模仿牛人把"先赚一个亿"当作目标，你也会觉得很痛苦。

如果你是企业家，公司年收入是5千万元，地产大佬对于你是一个好的替代经验，但是如果你是一个普通人，大佬的经验对你来说可能更多的是伤害。

因为完全没有可以操作的空间。

在大部分人的朋友圈中，你看到的不是在讲普通人有多平庸，就是在讲厉害的人有多牛，这其实会带来满满的负能量。

那么我们到底该模仿什么人呢？

恰恰是那群比你高一两个等级，能踮着脚够得着的人。

也不建议模仿同龄人甚至比你年轻的人，因为那样可能会让你心浮气躁，等你模仿明白，别人又向前走一步了。

所以你一直在模仿，永远没法超越。

反倒是模仿一些一两年前的成功案例，模仿一些在某方面比你多三五年经验的人，会更容易让你有信心。

我在国企工作时，大部门的女领导很强势，她锋芒毕露，做事雷厉风行，与其他部门争工作、争成绩。

整个公司的人也被她的风格同化，对别的部门说话也用命令口吻。

因为领导性子急，自己去沟通落实工作就不能慢吞吞的，时间长了，大家说话办事也急急火火，否则就会感觉像不在这个圈儿里的。

但是我心里知道，刻意学老板说话和做事的方法有时候会显得别扭，每个人都有自己独特的沟通风格方式，她的沟通方式强势果断，我的沟通方式亲和坚定。

我真正从她那里学习到的，是超精准的专业判断力，对重要细节的把控，还有商务谈判时候的游刃有余的控场能力。

### 3．接近正能量的人

秋叶大叔的知识IP大本营有数百位营员，都是各行业的优秀人才：企业高管、作家、主持人、教育专家、运营行家、超级演说家……

每个人的身上都能量满满，他们谦虚、上进。

他们印证了一句话：比你优秀的人比你更努力。

最有能量的要数秋叶大叔：永远乐观、积极，脑袋中装着无数新鲜的点子，可以在30分钟内快速回答20条问题，每天保持16小时高效工作时间，永远激励别人"你可以的"。

我写书稿的过程就是秋叶大叔不断激励我的过程，大叔一直告诉我："没关系，你能成，先努力写下去。"

因为大叔的激励和能量，我闭关远离繁杂事务，一口气完成了初稿。

**自我效能提升，创造成就事件、找到榜样很重要，后者尤其重要。**

**找到有能量的人，能够给你赋能的人，就是寻找自己的支持系统。**

# 掌控自己的生活

## 工作和生活从来不分离

妈妈们总是在说："每天的时间不够用，顾得了工作，顾不上家，照料好家里又亏待了自己。"

时间，就像一个吝啬的朋友，总是和我们斤斤计较，争分夺秒。

如果你想做一个好妻子、好妈妈、好员工，就必须要学会时间统筹，把工作和家庭的时间，整合安排在一起，这是一种非常节约时间的方式。

**整合模型，是最好的工作—生活管理模型。**

这是我去年某一天的安排，看每件事分别完成总计需要多久的时间。

| 事项 | 工作所需时间（11小时） | 生活所需时间（14小时） |
|---|---|---|
| 细类 | 品牌开幕分享<br>社区问答<br>写PPT<br>品牌策略<br>听督导<br>做咨询<br>社群管理<br>安排工作<br>沟通讲座 | 给女儿做饭<br>陪女儿看书<br>吃饭休息聊天<br>外教课<br>路上交通<br>运动<br>洗澡敷面膜<br>睡觉（6.5小时） |
| 总计 | 25小时 | |

如果按顺序依次做所有事情，保质保量不打折扣地完成，那么总计需要至少25小时，不管什么时间管理软件都"爱莫能助"，当天任务可能完不成，可能会熬夜。

## 分离模型：工作和生活
### （需要25小时）

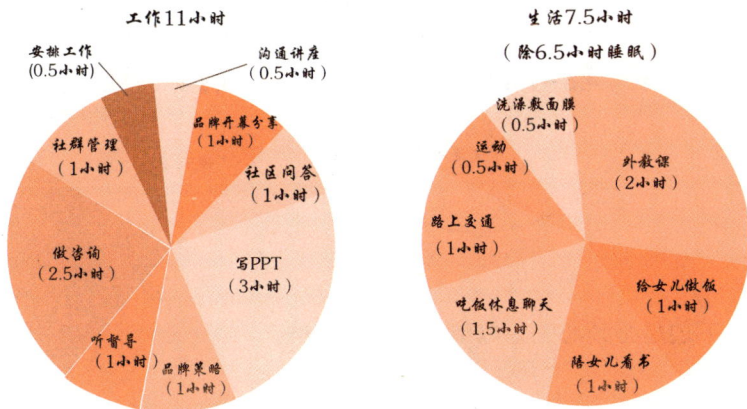

工作11小时

沟通讲座（0.5小时）　安排工作（0.5小时）　品牌开幕分享（1小时）　社区问答（1小时）　写PPT（3小时）　社群管理（1小时）　做咨询（2.5小时）　听督导（1小时）　品牌策略（1小时）

生活7.5小时（除6.5小时睡眠）

洗澡敷面膜（0.5小时）　运动（0.5小时）　外教课（2小时）　路上交通（1小时）　给女儿做饭（1小时）　吃饭休息聊天（1.5小时）　陪女儿看书（1小时）

　　**用统筹整合的方法来做事情，可以节约2.5小时，让自己更加游刃有余。**

　　可以同步进行的事项（不费脑筋，不必专注）有以下这些。

　　运动、跑步可以和听语音一起完成，做饭的同时可以看社群信息，女儿看书时我可以陪在旁边用电脑沟通工作安排。

　　去上课的路上可以听书，洗了澡上床敷面膜的时候可以看一会儿书和资料。

## 整合模型：生活和工作
### （省时 2.5 小时）

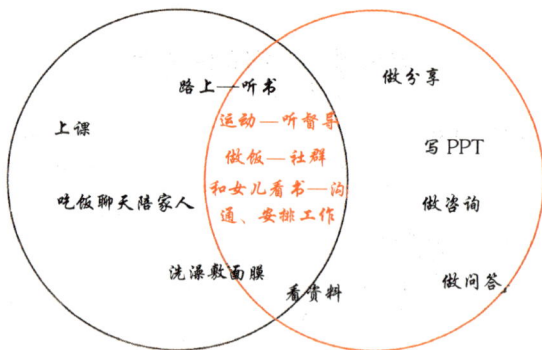

　　下边是必须心无旁骛单独进行的事情。

生活中：上课、陪家人吃饭聊天。

工作上：做分享、写PPT、做咨询、做问答。

通过整合模型的方法应对工作和生活的各种重要、琐碎事务，即使在最忙的时候也可以每天半夜12点之前入睡，工作、家庭、运动、护肤、社交……都可以兼顾。

对于朝九晚五、工作时间不够自由的妈妈们，应该尽可能地提高上班时候的工作效率，并且把学习时间安排在上下班坐地铁、打车的时候，可以听书、学英语、看资料、用App提前做好一整天的工作规划（如果要开车请全神贯注）。

聪明地"偷得时间"，换取更加从容有序的生活。

## 只做别人无法代劳和自己重视的事情

有了宝宝之后，身兼数职的妈妈们在忙碌的工作之余，还要顾及孩子的身心需求，其实是一件很辛苦的事，有很多妈妈甚至因此得了忧郁症。

一方面身心疲惫，另一方面又觉得给孩子的时间太少，亏欠了孩子，如果再遇上孩子有些健康或者情绪的问题，就更加自责。

**有两个方法可以帮助我们。**

方法 **1**

如果这件事情旁人可以代劳，我们可以不用逞强去做；如果这件工作旁人无法代劳，那无论如何都要全身心地投入精力去做好它。

**多余的活交给可协助的人**。打扫卫生、做饭、洗衣服等，是可以花钱请人代劳的工作，平时可以由钟点工、保姆来完成，周末的时候也可以偶尔和自己的先生一起做一次大扫除。

**用好互联网时代新服务**。比如，如果每天都要到超市买菜会很花时间，妈妈们可以通过手机外卖平台下单，一个小时内，配送员就可以把新鲜的食材送到你的家中。

**专业的技术找专业的人**。比如修家电、修电脑、修电灯、修水龙头、修车……一个电话一个在线预约就可以上门服务，妈妈们不需要成为三头六臂的女汉子。

在别人替我们做这些工作的时候，我们可以利用腾出来的时间和精力去发挥自己的专业工作能力，赚更多的钱，获得更多的职业成就，让自己更快乐。

但是陪孩子做游戏、给孩子讲故事，和孩子讨论作业，和老公聊天是别人没有办法代劳的，所以我们需要专心致志地去做好它，享受这些过程。

不要一面打扫卫生，一面敷衍回答孩子的问题，也不要边满肚怨气地做着家务，一面埋怨老公不帮忙。

如果老公工作太忙，那我们就说："亲爱的，我们请个钟点工吧。"

如果经济情况不允许请保姆，至少我们可以空出周末的时间，大家不做任何的家务，和孩子和家人一起享受周末轻松愉快的时光，出去看场电影，逛书店、商场，顺便吃一顿大餐，给自己放个假，还有折中的方法，每个星期请一次钟点工到家里来全面打扫卫生，钟点工的费用就可以从买零食、打车的钱里省出来，平时大家可以吃得清淡简单一点，周末的时候全家人再享受大餐。

生活质量越高，投入工作的精力越足。

**钱并不是省出来的，去做合理分配，更用心去享受，获得更多的快乐，才有可能获得更多的财富。**

## 方法 2

如果做这件事情能够让我有成就感，或者能够让我很开心，我会亲自去做。

比如我享受给家人做一顿美餐，在周末的时候抽空做一道红烧肉，或者水煮鱼，做一桌的美味，看到家人吃得很开心，我会非常的满足。

我也会在晚上睡觉之前，用有定时功能的电炖锅炖汤，早上起来的时候就有美味的早餐。

### 和时间做朋友的两个原则

## 原则 1

无论如何都要睡得够。

为了照顾好家人，又要做好工作，许多的妈妈会选择从睡眠中"偷"点时间出来。

早上早起准备早餐，白天努力做完所有的工作，晚上孩子们睡觉之后收拾家务，然后自己洗漱再休息。

根据各种不同的研究，取得一些工作成就的母亲每周要比全职妈妈少睡几个小时。众所周知，睡眠不足，会有很多负面的影响，如身体不健康、免疫力下降，以及精神状态不好，在工作中表现糟糕。

很久之前我在高新区上班，早上必须6点钟之前起床，坐班车去公司，晚上如果加班回到家可能都已经八九点钟。

因为对孩子愧疚，所以我会陪孩子一直到睡觉。孩子上床睡觉之后，我会收拾孩子的玩具，收拾房间，自己洗漱，稍微看一下书，差不多就是12点钟之后才能够入睡。长期处于这样的状态，人是会感到很疲惫的。

后来，我就离开了那个离家非常远，而且加班频繁的公司，选择了我更有掌控性的新公司，8小时内大家高效工作，按时回家吃晚饭陪孩子，因为有足够的陪伴时间，孩子不会那么粘人，会乖乖地自己按时上床睡觉，我除了能多看半个小时的书，还可以增加一个小时的睡眠时间。

## 原则 2

### 多线程作业提高效率。

很多事业成功的女性能够分辨什么时候用多重任务处理，什么时候只把注意力放在一件任务上，大家都会惊叹她们每天精力旺盛。

比如早上一边准备早餐一边听书；

在家工作的同时，厨房里可以炖汤；

晚上孩子做课外作业的时候，我在旁边写作陪伴，我们一起学习工作，比比谁的效率更高；

周末孩子上辅导班，中间会有三个小时的等待时间，我会带着电脑，找一个隔壁的空教室连续高效工作三个小时，而不至于在等待中刷手机白白浪费时间；

如果我要出差，我会在离开家的时候集中精力高效工作，提前完成每周进度，确保回到家以后可以安心陪伴家人；

如果我必须在晚上招待客户，我就会把地点安排到离我家比较近的饭店，可以在晚宴开始之前安排好家人的晚餐，晚宴结束后尽快回到家中。

时间偷走了我们的青春，留下了鱼尾纹和白发。

我们要抓住时间，与它为友，每天至少赢回20%的时光，让白发来得更慢一些，让幸福来得更快一些。

附：根据以上方法画出自己的工作生活整合模型，看看能节约多少时间，我们可以用这些富余的时间做自己喜欢的事情。

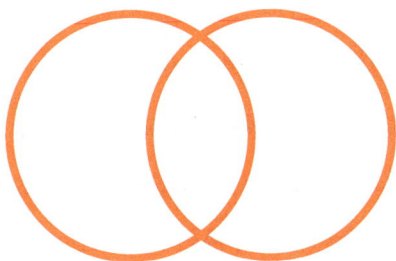

# 种下你的苹果树

很小的时候，我爷爷在家里的院子种下了几棵苹果树，分别栽在水池边和墙根下。

我们每年都可以吃到从树上摘下来的新鲜苹果。

小时候觉得很奇怪，为什么种在水池边的苹果树上的果子总是比墙根边的个儿头大，而且更红更甜。

长大后才发现，墙根边的那棵苹果树，因为被两边的楼房遮挡，从早到晚几乎晒不到太阳；而水池边的苹果树，可以从日出一直晒到日落，日照充足。

在森林里也有这样的规律：最高的橡树之所以长得最高，不仅因为有优质的种子，而且因为它在成长过程中没有被其他大树遮住阳光。一棵橡树需要深厚肥沃的土壤，幼苗时期躲过兔子的啃咬，成材之后躲过伐木工人，最终才能成为参天大树。

开始不同，过程不同，结果自然就不同。

有了好的种子，没有充足的阳光水分，也不一定能长成好的果树，收获好的果实。

## 我有一颗好种子

种瓜得瓜，种豆得豆。

职场妈妈们如果能兼顾家庭和工作，生娃又升职，首先是因为"我想，我希望……"

种子就代表我们的价值观和理想，好理想的标准是什么？

**只要是你认为有意义的，对你和你在乎的人很重要、有价值的梦想就是好的理想。**

我很崇拜居里夫人，但是没有想过自己要成为女科学家。

我很敬佩董明珠，但是也不打算做一名铁腕的女强人。

参加职业生涯咨询师高阶执业班的时候，课程完成的最后一天有一个环节：想象一下80岁的自己是什么样的，给今天的自己写一封感谢信，再配上一幅画。

我画了一棵苹果树，树上结满了红红的果实，在每个"苹果"上分别写下了：智慧、贡献、助人、平和、温暖、影响力。

在空白的地方为我自己写下了一封信。

亲爱的年轻时的我:

感谢你当初选择了这条路,做女性职业规划,让80岁的我收获了美好、丰盛的苹果树。

80岁的我 致

我的种子就是致力于女性职业生涯规划事业,我要让这粒种子生根发芽,长成茂盛的苹果树,让它花团锦簇,果实甜美。

可以每天为家人做一顿美味的早餐;

能够每天听着孩子们的欢声笑语;

老公早上离开家时给我一个吻别;

和有趣的人一起做喜欢的事业;

忙的时候组织着有意义的女性沙龙;

闲的时候可以和闺蜜喝喝咖啡聊聊天;

遛遛狗;

浇浇花;

看看书;

一日三餐按时吃;

家人健健康康;

做事于人有益。

这就是我喜欢的幸福生活。

## 如何种下我的树

有了种子，我们当然就要考虑在哪里种下它。

我们都知道，种子需要合适的阳光、水分和土壤，阳光越充足，果树长得越茂盛。

**水源：指的是我们所处的新时代大潮。**

富士康公司在2011年开始实行"百万机器人计划"。

现今社会，70%的工作由机器替代，数十万流水线工人下岗。

在美国加州，无人驾驶汽车已经被允许上路行驶。

百度在2016年9月1日拿到全球第15张无人驾驶的牌照。

司机的工作已经部分被机器所替代了。

以前一个出租车司机，他需要有车、会开车、会认路、会收钱。

但到今天你发现一个人只要会开车就行了，认路的事情被机器导航所替代，算账的事情被平台做完。

新时代下正在消亡的职业：制造业工人、白领、法律咨询师、保险计算师、工程造价师、司机、银行柜员、普通编辑……

正在兴起的职业：艺术类、画家、音乐家、知识管理和个人规划专家、讲师、产品体验师……

能成为21世纪的女性是一件很幸运的事。

我们接受了更好的教育，拥有了更多的选择，享受互联网和科技带来的便利。

很多体力劳动工作被脑力劳动所代替，女性在很多情况下所获得的机会甚至比男性更多。

许多体面且拥有巨大权力的职位都向女性敞开，雇主们也都在急切地寻找合格的女性员工。

我们的职业生涯可以延续到65岁以后。即使30岁左右做了妈妈，最初几年因为照顾孩子分散精力，也不用着急，我们的职业生涯还很长。

我认识一位做声音教练培训的金老师，她以前是一名电台的主持人，有十余年的播音主持经验。

她的声音甜美动听，每次听她讲话，就像在炎炎夏日里饮了一杯甘冽的山泉，沁人心扉。

金老师35岁才生了宝宝，接近40岁的时候转行做了一名声音教练。

如今过去三年，金老师的学员已经遍布全国，她总是说："以前条件不允许，我40岁才转行，现在做得很开心，我还可以讲到60岁、70岁，讲一辈子。"

**土壤：种子赖以生存的环境。**

我们需要时刻为种子培土、施肥，保证充足的营养。

就像很多妈妈，需要不停地学习，提升自己的能力，找一个更适合自己的工作，有不错的薪水，有更多的发展空间，并且能够在下班后有足够的时间兼顾家庭。

想做自由职业的妈妈们，更是要选择做有兴趣的、擅长的、能够有变现价值的工作。

适合的土壤：不排异，可滋养。

适合的职业：有优势、有价值。

如果你发现你的树苗长得不好，怎么办？

肯定不能放弃。

多去看看外面的世界，换一个地方移栽。

重新培土、施肥、浇水，总有一天能够成功的。

**阳光：植物的阳光来自大自然，梦想的阳光来自我们内心。**

妈妈们可能会因为孩子不好好做作业情绪失控；

可能会因为老公的不理解心中烦闷；

可能会因为上司的苛责委屈挫败。

每当这个时候，我们要记得用AMBR（第七章第二节）的方法调整心态，把关注点调整到我们期待的目标和结果上：

孩子做作业不认真是不是因为学习兴趣不足？静下心来帮助孩子一起找方法。

老公不理解我是不是我们的沟通不到位？我们今晚用家庭四

步沟通法（第六章第三节）来试试。

老板对我苛责说明他对我的工作表现有更多期待，我要主动和老板沟通自己的工作计划，让老板给我提出优化建议（第八章第二节）。

阳光内心其实就是我们做事的心态。

如果你的内心是积极向上的，那么即使你经历不幸，你也会坦然接受，继续微笑面对生活。

如果你对待事物的态度是消极的，那即使上天给你再多机会，你都会用你的这种心态来"谋杀"它。

你的内心是美好，那你看到的事物就是美好的；

你的内心是灰暗的，那你的天空肯定也在下雨；

人生来都不是完美的，但我们有义务让自己和身边的人都更快乐，不是吗？

## 让苹果树结出甜美果子

**春种秋收，等待开花结果需要付出和时间。**

妈妈们未来的职业发展可能会经历跳槽、转型、创业，会有更多的可能；

妈妈们的生活会经历孩子上幼儿园、小升初、考大学、出国留学、找工作、成家、生子；

我们的人生绝对不是以每一年来计算，而是以每一个十年来计算。

每一个阶段都会有快乐和烦忧，每一个阶段都需要我们做规划。

划分出每一个播种期、培育期和收获期，为自己做出预估计划。

下面是一位做职业规划的小伙伴Susu的业务计划。

| Susu的目标 | 播种期 | 培育期 | 收获期 |
|---|---|---|---|
| 青少年<br>生涯规划 | 2个月<br><br>完成品牌定位<br>完善商业画布<br>找到合作伙伴 | 2~3年<br><br>完成产品体系<br>与学校合作开课<br>打造个人影响力 | 3年左右<br><br>成为青少年生涯<br>规划专家 |

Susu是一位有十几年中学教育经验的老师，同时也是一名职业规划师。

她的理想是发掘中学孩子的天赋优势，激发孩子们的学习兴趣，培养他们的自我规划的理念。

Susu坚定地说："这个事情对孩子、对学校、对家长都很有意义，我打算用好我十几年的教育经验去帮助孩子们找到更好的自己。

"我自己的孩子也在上小学，我希望等她上中学的时候青少年生涯规划课程能够更普及，我希望更多志同道合的人一起加入，一起努力！"

"我们可以一起努力，伟大的事业需要有共同志愿的人们抱团前行。"我提议道。

Susu老师的理想种子已经萌芽，为了自己的孩子，为了更多的孩子，她愿意用三年甚至更长的时间去精心培育这棵幼苗，让它茁壮成长，开花结果。

一棵苹果树的果实可以跟几个人分享，如果想要和更多的人分享，我们需要几棵果树，甚至一片果园。

**为了让果实更丰盛，我们需要和更多人合作。**

新时代的妈妈不会抗拒与他人的平等友好合作和亲密关系。

无论是在工作中还是在家庭里，男性都可以是女性的伙伴。

周边的人、新的平台、新的技术都可以成为我们的支持链（第九章第一节）。

我们可以和支持者一起播下种子；

我们可以和支持者一起开疆拓土，浇水施肥；

我们可以和支持者一起分享胜利的果实。

只要妈妈们记住：内心永远坚定和温暖，主动去拥抱这个世界，你可以在人生的不同阶段种下苹果树、樱桃树、李子树……

有绿荫，有美景，有果实；

有鸟语，有花香，有蝶舞。

你会在不同的阶段收获不同的丰盛人生，成为最幸福的妈妈。